QUE SAIS-JE ?

La gauche en France

de 1789 à nos jours

JEAN DEFRASNE
Agrégé de l'Université
Chargé d'enseignement à l'Université de Besançon

Troisième édition mise à jour

35e mille

DU MÊME AUTEUR

Histoire de la collaboration, PUF, coll. « Que sais-je ? », 1982.
Le pacifisme, PUF, coll. « Que sais-je ? », 1983.

ISBN 2 13 038227 4

Dépôt légal — 1re édition : 1972
3e édition mise à jour : 1983, novembre

INTRODUCTION

La gauche et la droite sont deux constantes de la vie politique française. Le clivage est né à l'Assemblée nationale le 11 septembre 1789 à propos d'un débat important sur la Constitution. Les défenseurs d'un pouvoir fort du roi grâce à un veto absolu sur les lois se placèrent à droite par rapport au président de séance. Les partisans d'un exécutif amoindri, du rôle déterminant du Parlement, émanation de la souveraineté nationale, se situèrent à gauche.

La distinction passa ensuite de l'Assemblée au pays. Ainsi l'opposition gauche-droite traduit un conflit de principes, d'attitudes, de stratégies politiques, dressant l'un contre l'autre au XIXe siècle la Révolution et l'Ancien Régime, la Liberté et la Tradition, le mouvement et l'ordre établi.

A maintes reprises, il fut affirmé que cette dualité était néfaste, parce qu'elle portait atteinte à l'unité nationale, mais Alain constate : « Lorsqu'on me demande si la coupure entre partis de droite et de gauche, hommes de droite et hommes de gauche, a encore un sens, la première idée qui me vient est que l'homme qui pose cette question n'est certainement pas un homme de gauche. »

De nos jours il est de bon ton de proclamer que les termes antagonistes de gauche et de droite n'ont plus de valeur. Le déclin des idéologies, la complexité des techniques, les mutations sociales de la civilisation industrielle expliquent cette critique. Et pourtant le dualisme a la vie dure. Même si la droite s'avoue moins aisément qu'autrefois. Même si la gauche recouvre bien des équivoques. Il n'est pas une élection importante où les citoyens n'aspirent à reconnaître ces deux grands courants historiques.

La gauche est donc une réalité politique. Il est toutefois bien difficile de la définir *a priori*, même par une référence devenue classique aux « immortels principes » de 1789. Elle se réclame certes de la liberté, mais il y a une droite libérale. Elle invoque la nation, mais la droite se dit volontiers nationaliste. Elle souhaite l'égalité, mais d'autres ont le souci de la justice sociale.

La difficulté provient des aspects successifs que la gauche a pris dans l'histoire contemporaine. Née de la philosophie des Lumières, la gauche est une contestation globale de l'Ancien Régime. Mais tel ou tel aspect a dominé son action.

Elle a d'abord été un combat politique, la révolution contre la tradition, la nation contre le roi, le drapeau tricolore en face du drapeau blanc. Elle est apparue ensuite comme un affrontement sur le plan religieux. La gauche a été rationaliste, laïque, anticléricale. Mais surtout l'aspect social a fini par s'imposer. Aujourd'hui la gauche est inséparable de l'action de classe des travailleurs pour la transformation du régime économique.

Mais pour certains, sensibles aux injustices de la société industrielle, la gauche se doit d'être plus révolutionnaire encore. Elle est liée à l'action d'une minorité agissante, développant le dynamisme spontané des masses, décidée à libérer l'homme de toutes les aliénations qui l'oppriment et qui le réduisent à n'être qu' « un homme unidimensionnel »

(Marcuse). L'aspect culturel de la lutte passe alors au premier plan, car il n'est pas de gauche sans remise en question des valeurs établies.

La gauche, plus encore que la droite, est riche de ses contradictions. Elle est à la fois libérale et autoritaire. Elle incarne les droits de l'homme, la méfiance à l'égard de l'Etat, le citoyen contre les pouvoirs. Mais la gauche, c'est aussi l'Etat souverain, le salut public et la dictature du prolétariat. La gauche est à la fois réformiste et révolutionnaire. Elle croit à la raison, au progrès, au bonheur. Mais elle est aussi refus, colère et révolte.

Pour analyser un courant aussi continu et aussi divers, il nous faut d'abord suivre l'histoire. Pour cela il est bon d'avoir une idée de base et une hypothèse de travail.

L'idée, c'est que la gauche est en gros le parti du mouvement, alors que la droite est celui de l'ordre établi. Même si la gauche, parfois, se résigne à l'immobilisme. Même si la droite s'agite, réactionnaire alors et activiste.

L'hypothèse, c'est la réalité des trois gauches unies dans la volonté de réaliser un monde meilleur, mais profondément divisées sur les moyens : la gauche de la Liberté, la gauche de l'Autorité, la gauche de la Révolte.

Ces trois gauches ne sont pas apparues successivement mais simultanément. Elles s'opposent et ne s'unissent que dans les grandes occasions. Elles sont tout à la fois la richesse et la faiblesse de la gauche.

CHAPITRE PREMIER

LA NAISSANCE DE LA GAUCHE (1789-1815)

I. — Les origines de la gauche : le XVIIIe siècle

Au XVIIIe siècle la France vivait encore dans le cadre de l'Ancien Régime : l'Etat avait pour base la monarchie de droit divin, l'Economie la richesse foncière, la Société les privilèges aristocratiques. Mais les structures traditionnelles étaient ébranlées par la poussée démographique, les progrès de la richesse mobilière, la diffusion de la philosophie des Lumières fondée sur la raison critique. Les progrès du capitalisme favorisaient l'élan de la bourgeoisie qui souhaitait qu' « une nouvelle distribution de la richesse entraîne une nouvelle distribution du pouvoir » (Barnave).

1. **La crise de la conscience européenne.** — Les origines intellectuelles de la philosophie des Lumières sont bien antérieures à 1789. Le « siècle de Louis XIV » n'a été en fait, sous une apparence de grandeur, qu'un court moment d'équilibre entre deux époques de turbulence : ce fut alors l'apogée du principe d'autorité, du sentiment du péché, de la règle classique.

Cette conception autoritaire et ascétique imposée par l'Etat et l'Eglise fut contestée par les libertins, adeptes du naturalisme et de la libre-pensée, et par les disciples de Descartes.

C'est aux alentours de 1685 que se situe « la crise de la conscience européenne » (Hazard). Partout, en Europe occidentale, apparaît un intense besoin de liberté ; liberté de l'individu en face de l'Etat au nom du droit naturel (Locke), liberté de la pensée en face des Eglises intolérantes (Bayle), liberté de la science qui donnera une meilleure connaissance de l'univers (Newton). Partout les Anciens cèdent le pas aux Modernes. On découvre des peuples nouveaux qui enseignent, par-delà l'image classique de l'éternel humain, la diversité des civilisations. On envisage une politique nouvelle fondée sur les droits de l'homme, y compris le droit à l'insurrection contre un pouvoir arbitraire.

En France, le mouvement prit une ampleur particulière. La tradition absolutiste, l'intolérance religieuse, l'attachement conformiste à un classicisme décadent encouragèrent l'opposition. Celle-ci apparut d'abord dans l'aristocratie cultivée, mais elle se développa surtout parce que l'émancipation de l'individu correspondait aux intérêts et aux aspirations de la bourgeoisie qui prenait ainsi conscience de son rôle révolutionnaire.

2. La philosophie des Lumières. — L'idéologie nouvelle née de la révolte contre l'autorité, la tradition, la règle, n'est propre ni à une classe ni à un peuple. En affirmant la valeur de la Raison elle se veut universelle.

La Raison, c'est d'abord une méthode de pensée fondée sur l'évidence et le raisonnement. « L'esprit philosophique est un esprit d'observation et de justesse » (Diderot). Il se passionne pour la science et la technique *(l'Encyclopédie)*. A l'idée traditionnelle de l'homme voué par le péché originel à la faiblesse en ce monde s'oppose une confiance nouvelle dans *le Progrès humain* (Condorcet).

Mais la Raison n'est pas seulement spéculative, elle est aussi critique et militante. Le philosophe est « un honnête homme qui veut se rendre utile » (Diderot). Alors que le classicisme analysait le cœur humain dans sa vérité éternelle, le XVIIIe siècle critique les mœurs et les institutions, préférant des genres littéraires mieux adaptés à l'action, la satire, le roman, l'histoire qui permet d'analyser « l'esprit des mœurs et des usages des nations » (Voltaire), la théorie politique qui dégage « l'esprit des lois » (Montesquieu) ou les aspects du « contrat social » (Rousseau).

La philosophie des Lumières, inspirée par la Raison, est

aussi inséparable de la Sensibilité. Diderot déclare : « Heureux celui qui a reçu de nature une âme sensible et mobile. » Rousseau trouve dans la Nature une amie et une confidente, il croit à la bonté de l'homme pour autant que la société ne l'ait pas perverti. Voltaire lui-même, qui rêve d'un bien-être tranquille, n'hésite pas à s'engager dans une lutte sans merci contre l'intolérance, au nom de la fraternité des hommes. « J'ai fait un peu de bien, dit-il, c'est mon meilleur ouvrage. »

La bourgeoisie du XVIIIe siècle, qui n'est pas une classe homogène, réalise son unité grâce à un nouvel humanisme fondé sur la liberté, le bonheur, la bienfaisance et la paix. Son rôle historique est d'affirmer, en un moment où les institutions ne correspondent plus aux exigences de la société, l'importance des « droits de l'Homme ».

3. Les grands principes. — A) *La Liberté.* — « Chaque siècle a son esprit qui le caractérise. L'esprit du nôtre semble être celui de la Liberté » (Diderot).

Les libertés civiles sont réclamées au nom du droit naturel.

La liberté, c'est d'abord celle de l'individu, sa sûreté en face des arrestations arbitraires, de la torture, des condamnations iniques.

La liberté, c'est ensuite celle de la pensée, la tolérance religieuse, le refus de la censure.

La liberté, c'est enfin celle de la propriété et du travail. Or la tradition féodale grevait les personnes et les biens de multiples servitudes qui entravaient l'initiative individuelle et l'essor capitaliste.

Certes, des assouplissements avaient été consentis par le pouvoir depuis 1750 sous la pression des milieux éclairés : les physiocrates et les économistes libéraux (Turgot, Necker). Mais à la veille de 1789 la réaction nobiliaire, la résistance des Parlements, l'attachement aux traditions et aux usages avaient empêché l'adaptation des institutions à la société nouvelle.

Or ces contraintes étaient d'autant moins acceptées qu'elles émanaient d'un pouvoir royal hésitant et d'une administration autoritaire et confuse.

Les *libertés politiques* paraissent alors tout autant insuffisantes. Le roi est bien tenu de respecter « les lois fondamentales du royaume », mais l'absolutisme, hérité du XVIIe siècle, affirme que tout pouvoir émane du roi. A l'arbitraire royal les philosophes opposent le règne de la loi. Montesquieu, aristocrate libéral, voit en elle une donnée de fait : « les rapports nécessaires qui dérivent de la nature des choses. » Au despotisme fondé sur la crainte et à la république qui exige la vertu (le civisme), il préfère la monarchie tempérée. Celle-ci implique la séparation des pouvoirs et l'existence de corps intermédiaires (1).

B) *L'Egalité.* — Rousseau va beaucoup plus loin. Vagabond révolté contre lui-même et contre la société, instable, sensible, cédant tour à tour à la raison et à l'utopie, il écrit *le Discours sur l'inégalité* (1754) où il affirme la bonté naturelle de l'homme. Ensuite, dans *le Contrat social* (1762), il analyse la véritable souveraineté qui est celle du peuple, inaliénable, indivisible, infaillible. Par le pacte social le citoyen est à la fois souverain et sujet, il contribue à la formation de la loi qui est « l'expression de la volonté générale ».

Avant tout Rousseau aspire à l'unité et au bonheur. L'individu trouve une joie profonde dans la solitude. Le citoyen recherche la fraternité des hommes dans l'égalité, la soumission à la loi, la religion de la vertu. Ainsi Rousseau est un révolté qui a la nostalgie de l'ordre.

(1) « Pour que l'on ne puisse abuser du pouvoir, il faut que le pouvoir arrête le pouvoir.

C) *La Fraternité.* — Le XVIIIe siècle a d'abord été celui de la Raison, ensuite de la Liberté, enfin du Bonheur. « Le bonheur, dira Saint-Just, est une idée neuve en Europe. » Il faut donc assurer la paix et la justice.

Rousseau rêve d'une société où il n'y aurait ni riches ni pauvres, mais de petits propriétaires assurés de leur subsistance. Il condamne l'esprit de profit et l'accumulation du capital. L'Etat doit intervenir. « C'est précisément parce que la force des choses tend toujours à détruire l'égalité que la force de la législation doit toujours tendre à la maintenir. »

Morelly dans *le Code de la nature* (1755), Mably, Linguet, le curé Meslier réclament l'abolition de la propriété privée. Mais aucun d'entre eux ne conçoit l'idée de lutte des classes. Leur rêve demeure celui d'un communisme utopique, d'inspiration poétique ou religieuse et leur influence est bien faible dans une société qui considère la propriété comme un droit naturel. La Fraternité, en dehors de toute proposition concrète de justice sociale, n'est qu'une « philanthropie » à la mode du jour.

4. **L'esprit révolutionnaire.** — La philosophie des Lumières, si hardie dans la critique de l'absolutisme, se montre beaucoup plus timide sur le plan positif. Elle ne recommande en tout cas ni un bouleversement des structures ni une orientation démocratique.

Montesquieu revendique la liberté mais non l'égalité car il croit aux hiérarchies sociales nécessaires. Voltaire, en bourgeois admirateur de la richesse, déclare : « L'égalité est à la fois la chose la plus naturelle et en même temps la plus chimérique. »

Il est sévère pour les « gueux ignorants ». Rousseau enfin doute des possibilités de la démocratie en raison des vertus qu'elle exige du peuple « souverain ». « S'il y avait un peuple de dieux, il se gouvernerait démocratiquement. » Pour la France il ne va pas au-delà d'une monarchie républicaine.

Toutefois, en dépit de ses réticences et de ses contradictions, la philosophie affirme quelques idées simples : la révolte contre les préjugés, le droit au bonheur, la mystique de la liberté conçue non plus comme la jouissance d'un privilège, mais comme l'exercice d'un droit reconnu à tous par le pacte social.

L'idéologie bourgeoise rencontre un large écho grâce aux écrivains, philosophes comme l'abbé Raynal ou Condorcet, auteurs comiques comme Beaumarchais, dont *Le Mariage de Figaro* (1784) eut un grand retentissement.

L'abbé Mably qui appelle de ses vœux une monarchie républicaine et une société communautaire s'écrie : « Entre la révolution et l'esclavage il n'y a pas de milieu. »

Les journaux et les pamphlets se multiplient. Les idées nouvelles sont diffusées par les salons, les cafés, les clubs, les sociétés de pensée comme la franc-maçonnerie, attachée à la défense des droits de l'homme.

La propagande est encouragée par la révolution d'Amérique qui a publié une déclaration des droits (1776), fondé une république et qui éveille des sympathies dans la noblesse libérale (La Fayette) et dans la bourgeoisie éclairée (Brissot).

Au même moment l'échec des tentatives de réforme des ministres du roi (Turgot, Necker, Brienne), l'égoïsme aveugle des privilégiés, la crise financière et politique poussent la monarchie aux abois à convoquer les états généraux (1788).

Alors se forme le mouvement « national » ou « patriote » dont Sieyès exprime les aspirations dans sa brochure : *Qu'est-ce que le Tiers Etat ?* (1789).

Le gouvernement royal doit admettre que le Tiers aura à lui seul autant de représentants que les deux ordres privilégiés réunis.

La bourgeoisie libérale précise ses revendications : la liberté individuelle, l'égalité devant la loi et l'impôt, le respect de la propriété. Mais les cahiers de doléances du Tiers formulent aussi des exigences populaires : la suppression des droits féodaux, la limitation des fortunes, le droit au travail, à un juste salaire, à l'instruction et à l'assistance. Ainsi « la Révolution est faite dans les esprits longtemps avant de se traduire dans les faits » (Mathiez).

L'idéologie révolutionnaire est la source de pensée de la gauche qui se plaît à reconnaître ses origines dans l'esprit des Lumières. « Le grand siècle, disait Michelet, je parle du dix-huitième. »

II. — La naissance des trois gauches : la Révolution

La réunion des états généraux (5 mai 1789) traduit une grande espérance de rénovation. Elle marque l'accession des citoyens à la vie politique, l'affirmation de l'unité nationale, la volonté d'une réforme de l'Etat garantissant la liberté dans le respect de la loi, enfin le désir de vivre dans une société plus juste et plus humaine.

Or ces espoirs vont être déçus. L'affrontement des groupes sociaux, des idéologies, des mentalités, rend impossible la stabilisation. La guerre, dès 1792, favorise la poussée des extrêmes et les expériences aventureuses. Ce fut, a-t-on dit, « le temps des anticipations » (Labrousse).

La gauche, d'abord unie contre l'absolutisme, ne tarde pas à se diviser.

Là naissent des courants différents qui se prolongent encore aujourd'hui et qui se réfèrent volontiers à la Révolution, tant celle-ci a marqué durablement notre tempérament politique.

1. **La gauche de la liberté.** — A) *La conquête de la souveraineté.* — Les débuts de la Révolution furent marqués par le conflit entre le roi qui n'avait convoqué les états généraux qu'à contrecœur pour résoudre la crise financière et les « patriotes » qui avaient pour eux la majorité des élus et l'appui de l'opinion.

Mais tout allait dépendre des modalités de vote que le gouvernement n'avait pas osé trancher. Voter par ordre, c'était admettre la supériorité des privilégiés, clergé et noblesse. Voter par tête, c'était tenir compte du poids réel du Tiers dans la nation.

Dès l'ouverture des états, il apparut que le roi, hostile aux innovations, tenait au respect des hiérarchies féodales. Pour imposer ses vues, le Tiers Etat, qui comptait dans ses rangs une majorité de juristes, engagea une longue bataille de procédure. Le conflit atteignit son point culminant le 17 juin lorsque le Tiers, sur la proposition de Sieyès, se proclama « Assemblée nationale » souveraine en matière de lois et d'impôts.

Le 20 juin, à l'épreuve de force voulue par le roi, le Tiers répliqua par le serment du Jeu de Paume, qui affirmait sa volonté de ne pas se séparer avant d'avoir donné une constitution à la France. Le 23 juin, lors d'une séance solennelle, le roi ordonna aux députés de se disperser mais, par la voix de Bailly et de Mirabeau, ils refusèrent d'obéir. Le 27 juin, le roi céda et il ordonna expressément la réunion des trois ordres. Le 9 juillet, les états généraux firent place à l'Assemblée constituante. La révolution des juristes transférait ainsi la souveraineté du roi à la nation.

Mais le roi, la cour, les aristocrates voulurent briser le mouvement révolutionnaire. Celui-ci fut sauvé parce que des forces nouvelles, pendant l'été 1789, apportèrent à la bourgeoisie le soutien de la nation.

On eut ainsi le 14 juillet la révolution parisienne et la prise de la Bastille. Puis la révolution municipale et la constitution de la garde nationale bourgeoise. Enfin la révolution paysanne obligeant l'Assemblée à abolir les privilèges dans la nuit du 4 août.

Lorsque le roi tenta une fois encore de s'opposer aux décrets de l'Assemblée sur les droits féodaux et de la faire disperser par la force, le peuple de Paris, par les Journées d'Octobre, exigea le retour aux Tuileries de la famille royale.

B) *L'affirmation de la liberté.* — La Déclaration des Droits de l'Homme et du Citoyen (26 août 1789) résume les idées du siècle. Sa valeur universelle tient aux principes qu'elle proclame en faveur de l'individu : liberté, égalité civile, propriété, sûreté ; et en ce qui concerne la nation : souveraineté, rôle de la loi, séparation des pouvoirs. Mais la déclaration est aussi une œuvre de circonstance où apparaissent les craintes de la bourgeoisie.

La liberté de pensée et d'opinion est subordonnée à l'ordre public. L'égalité n'existe que devant la loi et l'impôt. La propriété est un droit inviolable et sacré, sans qu'il soit fait état de ceux qui n'en ont pas.

La discussion de la Constitution accentua les divergences. C'est à l'occasion du débat sur le veto royal que s'opéra la répartition des députés en gauche et droite. Le roi n'eut ainsi qu'un veto suspensif. L'administration fut confiée à des conseils élus de département, district et commune. La réforme de la justice, des finances, du clergé s'inspira de deux idées : l'uniformité des institutions pour tout le royaume et la décentralisation au bénéfice des élus de la nation.

La monarchie de 1791 était ainsi bien différente de celle de l'Ancien Régime : le roi était désormais subordonné à la nation et à la loi.

C) *L'unité de la nation.* — En 1789, le particularisme provincial, hérité de la féodalité, était encore très vif et la France n'était, selon le mot de Mirabeau, qu'un « agrégat inconstitué de peuples désunis ». La nuit du 4 août ne décida pas seulement la suppression des ordres ou distinctions de rang entre les citoyens, mais aussi celle des privilèges des provinces et des villes.

A partir de l'été 1789, le mot d'ordre des patriotes fut de rassembler les Français dans de grandes fêtes civiques où les municipalités et les gardes nationales affirmaient leur volonté de solidarité. La Fédération nationale (14 juillet 1790) sembla consacrer dans l'allégresse l'avènement du nouveau régime au chant du *Ça ira*.

Les révolutionnaires avaient le sentiment d'avoir réalisé une forme nouvelle d'Etat émancipé des préjugés anciens. « Ici commence le pays de la liberté », avaient-ils inscrit au pont de Kehl sur le Rhin. Mais ils n'avaient aucune visée agressive en Europe. En mai 1790, ils déclarèrent la paix au monde : « La nation française renonce à entreprendre aucune guerre dans la vue de faire des conquêtes et elle n'emploiera jamais ses forces contre la liberté d'aucun peuple. » Tout en proclamant « le droit des peuples à disposer d'eux-mêmes », ils s'efforcèrent de rassurer l'Europe, car la Révolution fut d'abord, dans la logique des Lumières, une volonté de paix.

D) *L'éveil de la vie politique.* — La France de 1789 n'avait pas comme l'Angleterre l'expérience du régime parlementaire. Il n'existait pas de partis organisés et l'idée même d'appartenir à une « faction » choquait les députés qui se vantaient de ne suivre que les mouvements de leur cœur. Mais malgré cet individualisme de principe, des groupements apparurent très tôt.

A l'Assemblée, la droite perdit très vite du terrain. La gauche démocrate (Robespierre, Pétion) n'eut qu'une audience limitée. La majorité (les constitutionnels) souhaitait une monarchie limitée, conforme aux vues de la bourgeoisie libérale. Elle se méfiait à la fois du roi et du peuple. Elle comptait dans ses rangs les personnalités les plus en vue : Mirabeau, La Fayette, Bailly, Sieyès.

Dans le pays la vie politique se développa grâce à la liberté de presse et d'association. Le club des Jacobins (Société des Amis de la Constitution) fondé à la fin de 1789 se recrutait dans la bourgeoisie aisée. Il avait de nombreuses filiales en province (450 en 1791). Le club des Cordeliers (Société des Amis des Droits de l'Homme) s'ouvrit en avril 1790. Son recrutement était plus populaire, son esprit plus combatif. Là se formaient les cadres révolutionnaires (Danton, Billaud-Varennes, Collot d'Herbois, Chaumette, Hébert).

En outre, dans les quartiers du vieux Paris apparaissaient des sociétés fraternelles et, en province, des sociétés populaires.

Le pays traversait alors une grave crise financière, religieuse, politique. Louis XVI n'acceptait pas la limitation de ses pouvoirs. Il avait obtenu l'appui de patriotes inquiets de l'agitation populaire. Ainsi les constitutionnels souhaitaient renforcer le pouvoir royal et limiter les libertés (1). Or le roi partit (20 juin). La fuite à Varennes fut un grave échec pour les partisans d'une monarchie constitutionnelle.

E) *Le refus de la démocratie.* — La bourgeoisie libérale, tout en proclamant les droits de l'homme, n'accorda pas immédiatement les droits civils aux protestants ni aux juifs et elle maintint l'esclavage aux colonies. Sur le plan politique, elle réserva l'élaboration de la loi aux députés. « Le peuple ne doit vouloir et agir que par ses représentants » (Sieyès). Le suffrage fut conçu non comme un droit, mais comme une fonction et réservé aux citoyens actifs payant une contribution directe, donc ayant une propriété, ce qui écartait du vote un Français sur deux. Les démocrates protestèrent en vain. « Tout tend à substituer une aristocratie de riches à une aristocratie de nobles » (Loustalot).

La nuit du 4 août supprima bien les droits féodaux personnels et les dîmes, mais les décrets du 11 août déclarèrent seulement rachetables les droits réels qui pesaient sur la terre. Le taux du rachat fixé en mai 1790 fut d'ailleurs si élevé qu'il suscita des révoltes agraires. L'assignat créa l'inflation et la misère.

La liberté du travail, qui favorisait l'entreprise, fut proclamée, mais la liberté d'association et de grève fut refusée aux travailleurs (2). Des mesures

(1) « La révolution est finie... il faut restreindre l'égalité, réduire la liberté et fixer l'opinion », Adrien Duport, mai 1791.
(2) La loi Le Chapelier est du 14 juin 1791.

restrictives furent prises contre la presse et les clubs au nom de l'ordre public.

La fuite du roi surprit l'Assemblée qui le suspendit de ses fonctions mais qui bientôt le rétablit dans ses pouvoirs : « Un pas de plus dans la ligne de la liberté serait la destruction de la royauté, dans la ligne de l'égalité la destruction de la propriété » (Barnave). La majorité des députés modérés quitta le club des Jacobins pour fonder le club des Feuillants et passer à la réaction.

Cependant l'idée républicaine gagnait du terrain après Varennes. Le club des Cordeliers multiplia les pétitions en faveur de la déchéance du roi et appela à l'insurrection. Les autorités répliquèrent en proclamant la loi martiale et en faisant tirer sur le peuple par la garde nationale. Ce fut le massacre du Champ de Mars (17 juillet) (1). Avant de se séparer, l'Assemblée renforça le suffrage censitaire et obtint le ralliement apparent du roi à la Constitution.

La gauche monarchique, libérale, pacifique de 1789 croyait que la Révolution était terminée. Mais Robespierre affirmait : « Je ne crois pas que la Révolution soit finie. »

2. **La gauche de l'autorité.** — Le nouveau régime aurait eu besoin d'une période calme pour s'implanter dans le pays. Or les difficultés financières, économiques, religieuses aggravaient les désordres. Le roi faisait appel à l'étranger pour qu'on le rétablît dans ses pouvoirs. Le peuple des villes et des campagnes exigeait une amélioration de son sort. « La bourgeoisie et le peuple réunis ont fait la Révolution,

(1) C'est alors que le drapeau rouge, symbole de la loi martiale, donc de l'ordre, fut arboré contre le peuple. Il devint ensuite l'emblème de la Révolution.

écrivait Pétion en février 1792, leur réunion seule peut la conserver. »

A) *L'équivoque girondine.* — A l'Assemblée législative la gauche était constituée désormais par Brissot et ses amis Condorcet, Vergniaud, Guadet, les « Girondins » dont Lamartine a fixé le nom et popularisé l'histoire. Par le talent, l'éloquence, l'enthousiasme révolutionnaire, ils s'imposaient à l'opinion. Adversaires résolus des Feuillants, méfiants à l'égard de la cour, actifs au club des Jacobins, ils semblaient bien de gauche par leur volonté de propager en Europe les idées nouvelles, de lancer une grande « croisade de la liberté ». Avec eux la gauche devenait agressive, résolue à la guerre contre les rois et les prêtres, cherchant à réaliser l'unité de la nation dans un orgueilleux défi lancé aux ennemis de la Révolution. Le roi, qui attendait de la guerre la défaite de nos armées et une transaction avec nos vainqueurs, les appela au ministère (mars 1792).

Malgré Robespierre qui avait souligné les risques d'un conflit : la restauration en cas de défaite, le césarisme en cas de victoire, les Jacobins suivirent Brissot. La guerre fut déclarée le 20 avril 1792.

Après les premiers revers, le roi refusa d'accepter la levée de 20 000 gardes nationaux pour défendre Paris. Les Girondins répliquèrent par la journée du 20 juin et la proclamation de « la Patrie en danger ». Mais, comme les Feuillants en 1791, ils hésitèrent devant la déchéance du roi.

En réalité, les Girondins étaient des libéraux attachés à la légalité constitutionnelle, des possédants hostiles aux mesures de contrainte que pouvait exiger le salut public, des patriotes qui avaient lancé le pays dans la guerre, mais qui ne voulaient pas faire appel au peuple pour la gagner.

L'insurrection du 10 août 1792 fut d'abord une initiative du peuple de Paris, des sections animées par les sans-culottes et la Commune insurrectionnelle. Mais le mouvement eut l'appui d'une nation inquiète, des fédérés venus à Paris malgré le veto du roi et chantant *la Marseillaise*, des sociétés populaires exaspérées par l'invasion et les menaces de l'ennemi (le manifeste de Brunswick). La prise des Tuileries marqua la chute de la royauté, mais aussi l'échec de la gauche libérale.

B) *La poussée montagnarde.* — L'Assemblée législative avait dû, sous la pression populaire, suspendre le roi, nommer un Conseil exécutif provisoire et promettre l'élection d'une Convention au suffrage universel. La première terreur du 10 août au 20 septembre opposa un pouvoir légal : l'Assemblée, hostile aux mesures exceptionnelles, et un pouvoir de fait : la Commune de Paris (1).

La Commune imposa l'internement de la famille royale au Temple, la surveillance des suspects, la réquisition des vivres. Le peuple de Paris, exaspéré par la reddition de Verdun à l'ennemi, se précipita sur les prisons où se déroulèrent les massacres de septembre.

Les élections à la Convention en furent marquées. Partout elles furent le fait d'une minorité agissante. Mais alors qu'à Paris triomphaient les hommes de la Commune, les Montagnards (Robespierre, Danton, Marat), les Girondins l'emportaient dans les départements. La victoire de Valmy due à l'un des leurs, Dumouriez, renforça leur influence à la Convention nationale.

Valmy (20 septembre 1792) ne fut pas une bataille, mais une simple canonnade. Les Français, « une armée de tailleurs

(1) Robespierre, élu le 11 août, en fut l'animateur.

et de savetiers », selon les émigrés, tinrent bon sous la mitraille au cri de : « Vive la Nation », et devant les Prussiens, réputés alors pour être les meilleurs soldats d'Europe. L'événement eut une grande portée morale. Il encouragea l'exaltation patriotique et révolutionnaire. Il révéla les possibilités d'une armée nationale. « De ce lieu et de ce jour date une ère nouvelle dans l'histoire du monde » (Gœthe).

Les Girondins, avec l'appui des modérés, *la Plaine* ou *Marais*, formaient maintenant la droite de l'Assemblée, le parti de l'ordre, hostile aux tendances égalitaires des sans-culottes parisiens.

Après une courte trêve, marquée par la proclamation de la République à l'unanimité (22 septembre 1792), les Girondins accusèrent de dictature les chefs Montagnards et la Commune de Paris. Alors que la République avait été définie comme « une et indivisible », ils purent être suspectés d'arrière-pensées fédéralistes.

En même temps ils cherchaient à retarder le procès puis la condamnation du roi, sans pouvoir éviter que la Convention ne fît exécuter Louis XVI au nom du salut public (21 janvier 1793).

Surtout, profitant des victoires qui avaient suivi l'élan de Valmy, ils lançaient le pays dans une politique extérieure aventureuse, promettant d'abord « fraternité et secours » à tous les peuples désirant conquérir leur liberté (19 novembre 1792), puis imposant aux pays conquis la dictature révolutionnaire (15 décembre 1792), enfin décrétant l'annexion de la Savoie, de la Belgique, de la Rhénanie, ce qui provoqua la rancune des pays occupés et l'entrée en guerre de l'Angleterre (1er février 1793). Le conflit, malgré une courte trêve, allait durer jusqu'en 1815.

La guerre était pour la Gironde une manœuvre politique « indispensable, disait Brissot en 1792, à nos finances et à la tranquillité intérieure ». Encore fallait-il être en mesure de la gagner. Or, au printemps de 1793, la position de la Gironde se trouva affaiblie par la crise économique, les troubles sociaux, le soulèvement de la Vendée, les premières défaites et la trahison de Dumouriez.

La Montagne, soucieuse de sauver la Révolution avec l'appui du peuple, obtint peu à peu le ralliement de députés jusque-là modérés (Barère, Lindet, Carnot, Cambon). L'Assemblée créa un Tribunal révolutionnaire (10 mars), un Comité de Salut public (5 avril), des représentants du peuple en mission auprès des armées et dans les départements. Des mesures économiques furent prises, sous la pression des circonstances, en faveur des classes populaires : cours forcé de l'assignat, taxation du prix des grains, emprunt sur les riches.

Les Girondins dénoncèrent les « anarchistes » qui osaient porter atteinte à la liberté des échanges et à la propriété. Ils voulurent dresser la province contre Paris. La réplique des sans-culottes fut l'insurrection (31 mai-2 juin) qui aboutit à l'exclusion de vingt-neuf députés girondins. La gauche montagnarde et jacobine s'orientait vers la dictature pour sauver la nation.

C) *Le gouvernement révolutionnaire.* — La Montagne au pouvoir, à l'été 1793, devait « vaincre ou mourir ». Il y avait la révolte fédéraliste : soixante départements dressés contre Paris, l'invasion étrangère, la crise des subsistances.

La Convention prit des mesures de conciliation d'abord, pour parer au plus pressé : l'abolition totale des droits féodaux, le vote d'une constitution démocratique, dite de l'an I de la République, qui affirmait le droit à la vie et surbordonnait les lois au référendum populaire. Toutefois, sous la pression des urgences, les Montagnards ajournèrent jusqu'à la paix l'application de la Constitution. Robespierre entra au Comité de Salut public.

La poussée populaire obligea la Convention à décréter la levée en masse (23 août), à mettre la terreur à l'ordre du jour (5 septembre), à fixer le maximum des prix et des salaires (29 septembre), à créer une armée révolutionnaire chargée de la réquisition des subsistances.

Le gouvernement, sur le rapport de Saint-Just, fut alors déclaré « révolutionnaire jusqu'à la paix » (10 octobre). C'était un gouvernement exceptionnel, centralisé, fondé sur la Terreur. En conséquence, le Comité de Salut public — le Grand Comité de l'an I — régulièrement réélu allait pendant un an animer la Défense nationale, contrôler l'économie, organiser la Terreur. Le régime, codifié à la fin de 1793, supprimait les libertés publiques et assurait la dictature du parti jacobin, appuyée sur les agents nationaux, nommés par le pouvoir, et sur les sociétés populaires.

La gauche jacobine, pour assurer le salut public, était ainsi totalitaire, dirigiste, terroriste.

La victoire s'affirma dès l'automne 1793 grâce à « cette écrasante unité » (Tocqueville). C'est alors que la Montagne se divisa.

D) *La dictature de Robespierre.* — Robespierre, « l'Incorruptible », avait voué son existence à la Révolution. A l'Assemblée constituante et au club des Jacobins, il s'était fait le défenseur du peuple. Disciple de Rousseau, il pensait qu' « en général il n'y a rien d'aussi juste ni d'aussi bon que le peuple, toutes les fois qu'il n'est pas irrité par l'excès de l'oppression ».

Bourgeois libéral et pacifique, mais épris d'égalité

(« Je défends surtout les pauvres »), il avait admis la politique de salut public et il voulait la victoire, ce qui excluait toute compromission avec les ennemis de la révolution à l'intérieur et à l'extérieur.

Démocrate, partisan du suffrage universel, il pensait que le peuple exprimait sa volonté par ses représentants élus et il ne pouvait accepter que la Convention dût délibérer en permanence sous la pression des sans-culottes groupés dans les sections et les clubs.

Or le Comité de Salut public, à la fin de 1793, était en butte aux intrigues des « factions » qui, en pleine guerre, songeaient à prendre le pouvoir pour imposer une politique de compromis (les dantonistes) ou de terreur accrue (les hébertistes). En outre, certains députés, les « fripons », accessibles aux tentations de l'argent, étaient compromis dans des scandales financiers.

Au printemps de 1794, après de longues hésitations, Robespierre fit exécuter les opposants des deux bords, ce qui eut pour effet de retirer au gouvernement des appuis précieux mais équivoques.

Le pouvoir central fut alors renforcé par l'épuration de la Commune de Paris, le contrôle des sociétés populaires, la suppression de l'armée révolutionnaire, le rappel des représentants en mission dont beaucoup s'étaient discrédités par leurs excès (Fouché, Tallien, Carrier).

C'était un coup de barre à droite qu'accentuait la politique bourgeoise des « techniciens » du gouvernement : Barère à la Diplomatie, Carnot à la Guerre, Lindet à l'Economie, Cambon aux Finances.

La victoire militaire de Fleurus (26 juin) fit espérer la fin de la Terreur. Or c'est à ce moment que Robespierre, encouragé par Saint-Just, envisagea de fonder la République sur des bases morales : la religion civique et la vertu.

Il établit le culte de l'Etre suprême et, par la loi de Prairial, renforça la Terreur qui n'était à ses yeux qu' « une émanation de la vertu ». Le tribunal révolutionnaire multiplia les sentences de mort.

La chute de Robespierre le 9 thermidor (27 juillet), due à une coalition des opposants unis par la peur, marqua l'échec de la gauche autoritaire, intransigeante, déiste, telle qu'elle s'affirmait dans l'idéal jacobin.

La République, assimilée dans l'opinion à la Terreur de l'an II, fut pour longtemps discréditée. Quant à Robespierre, sa personnalité a suscité bien des passions. D'abord jugé avec une extrême sévérité (Michelet, Aulard), il fut réhabilité par Mathiez. Proudhon constatait déjà : « D'infâmes scélérats l'ont couvert de leurs propres crimes, la calomnie en a fait un monstre : un demi-siècle d'exécration pèse sur sa tombe » et Jaurès : « Je suis avec lui et c'est à côté de lui que je vais m'asseoir aux Jacobins. »

3. **La gauche de la révolte.** — A) *Le mouvement sans-culotte.* — La politique bourgeoise de la Constituante avait suscité dès 1789 une poussée démocratique qui s'était affirmée après Varennes. Mais c'est au printemps 1792, alors que la patrie était en danger, que les militants révolutionnaires des faubourgs parisiens affirmèrent leurs sentiments égalitaires.

Ils adoptèrent le pantalon, au lieu de la culotte de l'Ancien Régime, la veste courte ou carmagnole, le bonnet rouge, symbole de la libération de l'esclave antique, la pique, preuve de la souveraineté populaire. Ils utilisèrent l'appellation de « citoyen » et le tutoiement. Ils rivalisèrent de dévouement républicain. Il s'agissait là d'une minorité agissante recrutée dans la petite bourgeoisie artisanale et dans les ouvriers des manufactures. Ils souhaitaient ardemment le succès de la Révolution et l'élimination de ses ennemis. La vigilance les conduisit insensiblement à la Terreur. Ils souffraient de la vie chère et de la faim. Le besoin les poussa à réclamer la réquisition et la taxation.

Pendant la phase ascendante de la Révolution, de juin 1792 à la fin de 1793, les « bras nus » (Michelet) jouèrent ainsi un rôle considérable. Ils participèrent aux assemblées des sections et aux sociétés populaires. Ils fournirent des volontaires aux armées et des troupes de choc lors des journées révolutionnaires. Avec le régime montagnard, ils formèrent les cadres locaux de l'administration, assurant l'exécution des décrets de la Convention et la surveillance des suspects.

L'âpreté de la lutte durcit leur hostilité contre les aristocrates, les prêtres, les riches, et accrut leur méfiance à l'égard des bourgeois libéraux dont ils redoutaient l'égoïsme de classe.

Mais leur idéologie reposait sur des contradictions. Sur le plan politique, ils souhaitaient une démocratie directe, le contrôle permanent du peuple sur les élus et sur les lois, l'autonomie des sections et des communes, le droit à l'insurrection. Toutefois, la majorité d'entre eux, petits bourgeois soucieux de l'ordre public, faisait confiance aux représentants qu'elle avait choisis à l'Assemblée (Danton, Marat, Robespierre) ou à la Commune (Chaumette, Hébert).

Sur le plan social, les sans-culottes, loin d'être hostiles à la propriété, rêvaient comme Rousseau d'une société harmonieuse de petits propriétaires. Ils repoussaient tout à la fois une économie fondée sur le profit (le capitalisme) et la mise en commun des biens (le communisme). Ils réclamaient tout au plus la limitation des fortunes, le droit à l'assistance et à l'instruction.

B) *La pression populaire.* — Après le 10 août, les Montagnards, s'appuyant sur la Commune de Paris, s'efforcèrent de concilier les exigences de la bourgeoisie et les aspirations égalitaires des sans-culottes. « Le règne de l'égalité commence », affirmait Robespierre. Et Saint-Just : « Un peuple qui n'est pas heureux n'a pas de patrie. »

La crise politique et économique poussa à l'action les masses populaires guidées par les Enragés, Jacques Roux, le « curé rouge », et Varlet. En mars 1793, ils obtinrent par l'émeute la création d'institutions révolutionnaires et le maximum des grains. En juin 1793, ils aidèrent les Montagnards à éliminer les Girondins et à prendre des mesures démocratiques. Mais ils exigeaient davantage, la réquisition, la taxation, la punition des accapareurs : « Pour vivre libre, il faut vivre » (J. Roux). Or les chefs montagnards répugnaient au dirigisme économique.

La pression populaire atteignit son point extrême en septembre 1793. Les éléments ouvriers marchèrent sur la place de Grève pour réclamer du pain à la Commune. Le 5 septembre la Convention fut envahie par la foule. Elle dut mettre la Terreur à l'ordre du jour.

Mais le Comité de Salut public, à la fin de 1793, brisa le mouvement populaire. Alors commença le reflux. Le gouvernement chercha d'abord à désarmer l'opposition de gauche en promettant des terres aux pauvres : « Les malheureux sont les puissances de la terre, s'écria Saint-Just, ils ont le droit de parler en maîtres aux gouvernements qui les négligent. » Mais la Convention fit des décrets de ventôse un simple secours en argent aux indigents. D'ailleurs, les éléments populaires, animés par Hébert et les Cordeliers, ne se laissèrent pas convaincre et ils appelèrent à l'insurrection. Robespierre les fit arrêter et exécuter (24 mars 1794) (1). Le drame de germinal marqua la liquidation du mouvement populaire.

Après le 9 thermidor, le retour à la liberté économique, la hausse des prix, la famine poussèrent les « ventres creux » à l'émeute. Le 12 germinal (1er avril 1795), ils réclamèrent « du pain et la constitution de l'an I ». Le 1er prairial (20 mai), nouvelle émeute, brisée cette fois par l'armée. La gauche démocratique était pour longtemps réduite au silence.

C) *La conspiration des égaux.* — La domination politique et sociale de la bourgeoisie fut affirmée avec netteté par les thermidoriens. Aussi la Constitution de l'an III (août 1795) supprimait-elle les droits sociaux affirmés en 1793 et rétablissait-elle le suffrage censitaire (2). Les « notables », à nouveau, accaparaient la République.

L'opposition révolutionnaire prit une forme nouvelle avec Gracchus Babeuf. L'homme, préoccupé d'action plus que de doctrine, nous est mal connu. Il a évolué avec l'événement et pressenti confusément les grandes luttes sociales de l'avenir.

Babeuf est d'abord un homme du XVIIIe siècle, sensible à l'injustice, dévoué à la cause populaire. La Révolution est pour lui « la guerre entre les riches et les pauvres ». Rien là de bien nouveau, ni surtout qui révèle une prescience de la lutte des classes.

Babeuf est ensuite un révolutionnaire qui a vécu l'exaltation démocratique des sociétés populaires ;

(1) Le 4 germinal an II.
(2) « Un pays gouverné par les propriétaires est dans l'ordre social » (BOISSY D'ANGLAS).

compris l'illusion de l'égalité civile, selon la loi, lorsqu'elle ne s'accompagne pas de l'égalité de fait, de l'accès égal au bonheur ; réalisé enfin la misère du peuple, victime de l'inflation et de la spéculation après Thermidor, où le libéralisme ne fut rétabli qu'en faveur des possédants. « Nous voulons l'égalité réelle ou la mort. »

Alors que faire ? La petite propriété individuelle, dont rêvaient Rousseau et Robespierre, introduit inévitablement l'inégalité. La loi agraire, le partage égal des propriétés, ne peut durer qu'un jour, car très vite les plus courageux ou les plus habiles accaparent les terres des plus faibles.

Babeuf se souvient alors qu'il a une expérience directe des traditions communautaires de la paysannerie : les communaux, les droits d'usage, la vaine pâture.

Dès lors, pour réaliser l'égalité de fait, il faut supprimer la propriété individuelle. « Nous prouverons que le terroir n'est à personne, mais qu'il est à tous. Nous prouverons que tout ce qu'un individu en accapare au-delà de ce qui peut le nourrir est un vol à la société. »

Ce programme fut exposé dans *le Manifeste des plébéiens* publié par *le Tribun du peuple* (30 novembre 1795). Conformément à l'esprit du temps, ce communisme était essentiellement rural (la communauté des biens et des travaux) et moral (chacun ne prélèverait au magasin commun que la part qui lui serait nécessaire).

L'essor du capitalisme industriel n'était pas envisagé — et qui s'en étonnerait lorsqu'on songe aux rêves sociaux d'un Saint-Just ? — mais dès avant 1789, Babeuf avait préconisé, en Picardie, des fermes collectives, donc un communisme de la production, qui était un fait nouveau.

Au cours de l'hiver 1795-1796, devant la carence du Directoire et la misère du peuple, Babeuf et ses amis, Darthé, Sylvain Maréchal, Buonarroti organisaient un complot, la Conjuration des Egaux. Mais ils ne firent pas confiance aux masses et préférèrent s'adjoindre d'anciens Jacobins, tels Amar, Lindet, Drouet, qui ne partageaient pas tous leurs objectifs.

Le complot fut dénoncé au Directoire et Carnot, passé au conservatisme autoritaire, assura la répression. Babeuf fut exécuté (mai 1797). Mais Buonarroti, exilé, publia en 1828 un livre sur *la Conspiration pour l'Egalité* qui transmit à Blanqui l'idée de la dictature révolutionnaire et du rôle des minorités agissantes.

Cependant, malgré leurs contradictions, les Enragés et les Babouvistes avaient senti l'importance des masses et les avaient appelées à l'action directe au besoin contre les représentants élus. Avec eux apparaissait la gauche prolétaire, insurgée, libertaire, qui estimait que « la Révolution française n'était que l'avant-courrière d'une autre révolution bien plus grande, bien plus solennelle qui sera la dernière » *(Manifeste des Egaux)*.

III. — La disparition des gauches

La gauche fut réduite de 1799 à 1815 à des actions sans portée à cause de la faible audience qu'elle avait dans un pays avide de stabilité et de l'habileté du pouvoir à se présenter comme le défenseur des conquêtes de la Révolution.

1. La faiblesse de la gauche. — La Constitution de l'an III (1795) n'avait pas permis la consolidation de la République bourgeoise en raison de l'opposition intérieure, jacobins et royalistes, et de la poursuite de la guerre. Le Directoire avait été ainsi un régime de coups d'Etat et d'appels à l'armée. En 1799, devant la poussée jacobine et le péril extérieur, Sieyès et les notables eurent recours à Bonaparte qui, après le 18 brumaire (1799), imposa la Constitution de l'an VIII et le régime du Consulat. La bourgeoisie renonçait ainsi au libéralisme pour jouir de l'ordre et de la prospérité.

L'opposition jacobine fut promptement brisée. Le peuple, las de la Terreur, ne lui apporta aucun appui. Les principaux chefs républicains furent arrêtés (1800) et les personnalités suspectes de sympathies jacobines, comme Fouché et Bernadotte, abandonnèrent une cause perdue. L'opposition libérale se manifesta à propos du Concordat (1801) qui marquait la réconciliation avec l'Eglise catholique, de la Légion d'honneur, du Consulat à vie (1802) puis de l'Empire (1804). Les protestations émanaient d'un petit groupe d'anciens révolutionnaires (Carnot) et d'intellectuels, les « idéologues » imbus de l'esprit des Lumières. Mais la bourgeoisie des possédants ne les soutint pas. L'épuration du Tribunat (1802), la seule assemblée où l'on discutait, réduisit les libéraux au silence. Une hostilité plus active apparut dans l'armée, républicaine et anticléricale, qui grondait contre « le nouveau sultan ». Mais parmi les chefs les uns furent écartés (Moreau, Lecourbe), les autres couverts d'honneurs (Augereau, Masséna).

Les tendances monarchiques et autoritaires du régime impérial à partir de 1810 encouragèrent l'opposition libérale d'abord à l'extérieur avec le groupe de Coppet (Mme de Staël, Benjamin Constant) puis, à la suite de la crise économique et des premières défaites, à l'intérieur. Au corps législatif un député de Bordeaux, Laîné, osa réclamer la paix et le rétablissement des libertés publiques (1813).

Le Sénat impérial rappela Louis XVIII (1814). Mais les libéraux jouèrent encore un rôle pendant les Cent-Jours. C'est Benjamin Constant qui rédigea l'Acte additionnel aux constitutions de l'Empire. Après la défaite de Waterloo (1815), la bourgeoisie se rallia à la monarchie constitutionnelle. Le peuple, où l'empereur avait trouvé son plus fidèle appui, évolua lui aussi à partir de 1810. Excédé par les abus de la conscription, de la fiscalité et par les difficultés économiques, il revint à la monarchie.

2. **L'habileté de Napoléon Bonaparte.** — Bonaparte souhaitait en 1799 la réconciliation des partis : « Je suis national », disait-il. Il ajoutait : « La Révolution est fixée aux principes qui l'ont commencée : elle est finie. » Mais tout en multipliant les avances aux royalistes, à l'aristocratie, au clergé, il situait le régime de l'an VIII dans la ligne de 1789.

Bonaparte était d'ailleurs un homme du XVIIIe siècle, adepte des Lumières et du despotisme éclairé, un général républicain auréolé par la victoire sur les rois, un défenseur des conquêtes de la Révolution. La souveraineté nationale toutefois, que la Constitution réaffirmait, ne s'exprimait plus par des représentants élus mais par le plébiscite, la délégation de l'autorité à un chef, incarnation de la volonté populaire. La gauche autoritaire et conquérante accepta de se reconnaître en lui sous les plis du drapeau tricolore.

Mais Bonaparte était avant tout l'homme de brumaire, porté au pouvoir par la bourgeoisie qu'il privait des libertés publiques, mais à laquelle il garantissait l'égalité civile, la liberté d'entreprise, l'ordre et ces « masses de granit » que sont les institutions consulaires. L'exécution du duc d'Enghien (1804), consacrant la rupture définitive avec l'ancienne monarchie, rassura les révolutionnaires, les paysans libérés des droits féodaux ainsi que tous les acquéreurs de biens nationaux ou profiteurs de la Révolution. La gauche libérale et bourgeoise se rallia à l'Empire malgré son orientation régulière vers la droite. Elle ne se détacha du régime qu'après la crise économique de 1810, les menaces d'invasion, et surtout à cause des garanties formelles accordées par Louis XVIII.

Mais la première Restauration (1814) multiplia les erreurs et l'empereur, revenant de l'île d'Elbe, reconquit tout son prestige auprès du peuple. Il y eut alors une flambée révolutionnaire comme en 1793. Napoléon songea un moment à « mettre le bonnet rouge ». Il ne put toutefois se résoudre à être « le roi de la Jacquerie ».

Cependant la ferveur populaire avait montré le fossé qui séparait les deux France. Grâce aux Cent-Jours, et surtout à l'expiation de Sainte-Hélène, Napoléon resta dans l'âme populaire le soldat de la Révolution. Ainsi le bonapartisme fut-il pour longtemps uni à la gauche.

CHAPITRE II

LA GAUCHE ROMANTIQUE (1815-1871)

I. — La renaissance de la gauche (1815-1830)

Après une longue période de troubles, la nation accepta en 1814 le retour des Bourbons. La bourgeoisie espérait retrouver la monarchie constitutionnelle et censitaire qu'elle avait cru établir en 1789. Le peuple n'aspirait qu'à la paix.

Mais les forces du passé, l'aristocratie et le clergé voulaient restaurer l'Ancien Régime. La coupure du pays en deux camps facilita le réveil de la gauche.

1. L'échec de la réconciliation des deux France. — Louis XVIII, rappelé au trône par le Sénat impérial, avait, dès son arrivée en France, rassuré les hommes de 1789 en promettant un régime constitutionnel et la garantie des propriétés. Sous des apparences de restauration de la monarchie traditionnelle, la Charte de 1814 établissait un régime représentatif, censitaire, libéral, qui pouvait convenir à la bourgeoisie.

Mais, malgré la bonne volonté du roi, la monarchie débuta mal. Les émigrés revenaient avides de revanche. Les erreurs de la première Restauration (1814) qui laissaient présager un retour de la féodalité, les excès de la Terreur blanche après les Cent-Jours et de la Chambre introuvable où dominaient les ultras (1815), l'occupation étrangère et la tutelle de la Sainte-Alliance, autant d'éléments qui ranimèrent l'opposition.

Louis XVIII imposa une politique d'apaisement de 1816

à 1820. Mais l'assassinat du duc de Berry ramena au pouvoir les ultras. La monarchie parut prisonnière de l'aristocratie et de l'Eglise.

L'avènement de Charles X (1824), que l'on savait hostile à la Charte, encouragea la réaction. La loi du milliard des émigrés fut présentée comme la revanche de la Contre-Révolution. Les lois contre la liberté de la presse provoquèrent des récriminations et, en 1827, la conjonction des oppositions à la Chambre et l'agitation dans le pays révélèrent l'ampleur du mécontentement. C'est alors que Charles X fit appel à Polignac (1829) et ce défi à la nation provoqua la Révolution.

2. **La poussée libérale.** — L'Empire avait fait oublier la République et l'Empire à son tour était tombé : l'une évoquait la terreur et l'autre la défaite. Il ne restait place en 1815 que pour la gauche libérale.

Face à la réaction, les libéraux, ou indépendants, s'appuyaient sur la petite bourgeoisie, avocats, négociants, acquéreurs de biens nationaux, officiers fidèles au souvenir de l'Empire (les demi-solde), idéologues hostiles à l'influence de l'Eglise, universitaires, jeunes épris de liberté et d'action (Stendhal, *le Rouge et le Noir*, 1830).

Les thèmes de la lutte étaient simples : la défense de la liberté, l'amour de la patrie et de sa gloire (« Dieu, mes enfants, vous donne un beau trépas ! »), la haine des jésuites et de la Congégration, le mépris des autorités, le roi (« Charles le Simple »), les nobles, les députés « ventrus » du suffrage censitaire et du « parti prêtre ». Et par-dessus tout le souvenir d'un Napoléon, fils du peuple, tel qu'il apparaît dans *le Mémorial* et tel que l'exalte Victor Hugo.

Certes, il y a dans le libéralisme militant des courants de pensée différents : doctrinaires (Royer-Collard, Guizot) qui se contenteraient d'une application stricte de la Charte, partisans du juste milieu

(Benjamin Constant), bonapartistes (le général Foy), républicains, comme Godefroy Cavaignac ou Hippolyte Carnot, luttant pour le suffrage universel et la liberté des peuples, socialistes, sensibles à la misère ouvrière. Mais tous sont unis par une passion commune de liberté.

3. **Une action confuse.** — Le romantisme s'affirme dans l'action politique par la volonté du secret et le choix de la violence. Il se forme des sociétés comme la Charbonnerie française (1821), divisée en réseaux ou ventes locales, formée de militants armés, dirigée par des personnalités de gauche (La Fayette, Manuel), des intellectuels, des officiers. De la conspiration on passe à l'insurrection, mais la police veille et le peuple ne suit pas. Les complots échouent, donnant au mouvement ses martyrs comme les quatre sergents de La Rochelle (1822).

La propagande se révèle plus efficace pour l'opposition. Les libéraux défendent d'abord les idées nouvelles dans la presse *(le Globe)*, puis ils ont recours à d'autres moyens : les chansons de Béranger, les pamphlets de Paul-Louis Courier, l'agitation universitaire contre la mainmise de l'Eglise sur l'enseignement. Le gouvernement réplique en supprimant l'Ecole normale supérieure ainsi que les cours en Sorbonne de philosophie (Victor Cousin) et d'histoire (Guizot). Mais il ne réussit qu'à dresser contre le régime la jeunesse étudiante.

A la Chambre, l'opposition utilise habilement la tribune parlementaire. La gauche, qui n'a que 13 députés en 1816, en a près de 70 en 1819. A partir de 1820, elle perd du terrain. Mais ses députés ne désarment pas : Manuel, ayant blâmé l'expédition d'Espagne, est exclu de l'Assemblée (1823).

Après 1824, la gauche, affaiblie au Parlement, agit dans le pays. Les manifestations de rue se multiplient. Ce sont alors des défilés de 100 000 personnes lors des enterrements du général Foy ou de Manuel, des démonstrations anticléricales à propos des représentations du *Tartufe*, des cris séditieux de la garde nationale bourgeoise que le pouvoir dissout, enfin dans un climat d'émeute l'apparition de barricades à Paris, les premières depuis la Fronde. La barricade devient alors le symbole de la colère du peuple et elle le demeurera jusqu'en 1871. Victor Hugo, dans *les Misérables*, voit en elle « l'acropole des va-nu-pieds ».

L'opposition libérale, confuse et passionnée, est animée depuis 1827 par la Société « Aide-toi, le ciel t'aidera », dirigée par les doctrinaires (Guizot), mais où entrent les républicains, Cavaignac, Carnot, Garnier-Pagès. La chute de Villèle est un succès, mais Charles X décide de défier l'opposition en redonnant le pouvoir aux ultras (1829).

4. La Révolution de 1830. — Le roi a choisi un ministère de combat : Polignac, symbole de l'ancienne Cour et de l'émigration, Bourmont qui trahit Napoléon à la veille de Waterloo, La Bourdonnaie qui évoque la terreur blanche (1).

Aussitôt l'opposition réagit dans la presse et notamment dans *le National* fondé par Thiers, historien de la Révolution, et un jeune officier affilié à la Charbonnerie, Armand Carrel. « Il est temps, dit-on, que le rôle des patriotes commence. » Le mot de « patriote » évoque 1789 pour les partisans d'une monarchie où le roi règne et ne gouverne pas. Il rappelle 1793 pour les jeunes républicains.

(1) *Le Journal des Débats* qualifie ainsi le ministère : « Coblentz Waterloo, 1815. »

La Chambre refuse sa confiance au ministère par l'adresse des 221. Le roi fait appel au pays et dissout l'Assemblée. Malgré le succès de l'expédition d'Alger, qui ne suffit pas à faire oublier une politique européenne d'effacement, l'opposition l'emporte. Il ne reste à Charles X d'autre ressource que l'utilisation abusive de l'article 14 de la Charte qui autorise des « ordonnances » royales « pour la sûreté de l'Etat ».

Ces ordonnances sur la presse et les élections sont contraires à l'esprit du gouvernement constitutionnel. Le peuple de Paris y répond par les Trois Glorieuses (27, 28, 29 juillet). Les ouvriers des faubourgs, les étudiants, les anciens soldats de l'Empire chassent les troupes de Marmont, le maréchal félon de 1814, et font flotter le drapeau tricolore sur l'Hôtel de Ville, puis sur le Louvre et les Tuileries aux cris de « Vive la République ». Mais les députés de la gauche libérale (Thiers) interviennent par peur de la démocratie et par crainte des réactions de l'Europe. Le duc d'Orléans devient Louis-Philippe Ier, roi des Français. Les républicains, conscients de leur faiblesse dans le pays, se résignent.

Toutefois la Révolution de 1830, libérale et nationale, a montré la force du peuple (1).

II. — La gauche et le problème social (1830-1848)

La Révolution de 1830 consacre la défaite de l'aristocratie foncière et la prédominance désormais assurée de la bourgeoisie d'affaires. Le libéralisme, hier dans l'opposition, se retrouve au pouvoir avec

(1) « Le peuple est beaucoup moins ignorant et beaucoup plus moral qu'on le croyait. Il faut trouver le moyen de le faire entrer dans les lois » (Armand Carrel).

« le roi citoyen ». La gauche est formée désormais par les démocrates hostiles à la monarchie censitaire et par les partisans d'une réforme de la société.

1. **Le régime de Juillet.** — A) *La prépondérance bourgeoise.* — Le nouveau régime ne se distingua que fort peu de l'ancien. Le pays légal, opposé au pays réel, ne représentait qu'une minorité de notables et de possédants. Le droit de vote resta le privilège des plus riches.

Le caractère strictement bourgeois du régime s'affirma très vite. Le roi lui-même apparaissait comme l'incarnation de la classe au pouvoir. Les ministres, hommes d'affaires (Casimir Périer) ou parvenus (Thiers), avaient le souci de leur fortune. Les banquiers apportaient leur appui (Delessert, Laffitte). « La classe moyenne devenue le gouvernement, écrit Tocqueville, prit un air d'industrie privée. »

Le but avoué était l'expansion économique par une politique de grands travaux, d'aide à la production, de défense contre la concurrence étrangère, et tout cela par l'appel à l'emprunt plutôt qu'à l'impôt, car il était opportun de ménager les fortunes d'un Nucingen ou d'un Grandet.

Le ministère Guizot (1840-1848) incarna l'orléanisme conservateur : docilité du Parlement, prépondérance de la classe moyenne, essor économique encouragé par le fameux : « Enrichissez-vous. »

B) *La volonté de répression.* — La Révolution de 1830 avait suscité un grand enthousiasme et beaucoup pensaient qu'elle n'était qu'un premier pas vers la souveraineté populaire et la croisade de la liberté en Europe. Mais ce parti du mouvement fut promptement écarté du pouvoir par le parti de la résistance. Le rôle décisif fut joué par Casimir Périer, grand bourgeois, hostile aux aventures à l'extérieur et aux concessions à l'intérieur. Il écrasa l'émeute ouvrière de Lyon en 1831.

Ensuite apparut Thiers qui fit voter les lois de septembre 1835 contre la presse et les associations.

Le roi qui, sous des dehors libéraux, dissimulait un tempérament autoritaire, en profita pour exercer un gouvernement personnel avec Molé (1836) et surtout avec Guizot (1840). Celui-ci refusa toute réforme.

C) *L'effacement national.* — La gauche souhaitait une politique étrangère active pour briser « les chaînes de 1815 ». Or Louis-Philippe, « le roi des barricades », tenait à rassurer l'Europe. Avec l'appui de l'Angleterre, il contribua à l'indépendance de la Belgique (1831), mais il laissa écraser les soulèvements nationaux en Allemagne, en Italie, en Pologne. L' « entente cordiale » franco-britannique n'était d'ailleurs qu'une illusion. En 1840, une crise grave éclata à propos de l'Egypte. Aux divergences avec l'Angleterre s'ajouta une tension franco-allemande. La guerre parut proche. Thiers en acceptait les risques. La gauche y poussait. Mais le roi refusa d'affronter une coalition européenne.

Le retour des cendres de Napoléon (1840) rappela le souvenir des gloires nationales, alors que Guizot pratiquait une politique de faiblesse vis-à-vis de l'Angleterre (l'affaire Pritchard, 1844). La conquête de l'Algérie et la capitulation d'Abd-el-Kader (1847) parurent de bien maigres compensations à l'abandon de la Belgique et de la rive gauche du Rhin.

2. **Les débuts du socialisme.** — A) *L'agitation ouvrière.* — La condition ouvrière s'est aggravée en France, depuis 1815, malgré la lenteur de la révolution industrielle. Le machinisme entraîne un accroissement de la main-d'œuvre disponible, permettant aux patrons d'imposer aux ouvriers de longues journées de travail pour un salaire très bas.

En outre, la conjoncture économique avec ses crises périodiques provoque le chômage ; la concentration urbaine hâtive multiplie les taudis ; la situation sanitaire est déplorable (le choléra de 1832).

L'ouvrier est soumis à une sévère discipline d'atelier, astreint à posséder un livret de travail, traité en suspect par les autorités. Les associations sont interdites depuis la loi Le Chapelier et l'Etat refuse d'intervenir au nom de la liberté bourgeoise. Casimir Périer déclare : « Il faut que les ouvriers sachent bien qu'il n'y a de remèdes pour eux que la patience et la résignation. »

En novembre 1831, éclate à Lyon une émeute de la misère. Les canuts de la Croix-Rousse, travaillant au tarif pour des négociants, arborent le drapeau noir et, aux cris de « Vivre en travaillant ou mourir en combattant », ils s'emparent de la ville après deux jours de lutte contre l'armée. Mais ils ne commettent aucun pillage et font confiance aux autorités. Le préfet fixe un tarif moins défavorable aux ouvriers.

Casimir Périer, solidaire du patronat, décide de faire un exemple. Il charge le maréchal Soult et l'armée d'occuper la ville, ce qui est fait sans combat. Le préfet est révoqué, le tarif supprimé.

A Paris, les ouvriers participent aux émeutes de 1832, 1835, 1839. Les grèves se multiplient à partir de 1833 dans la capitale, mais aussi à Anzin, Saint-Etienne, Lyon.

Mais la conscience de classe s'éveille à peine. La grande industrie n'emploie encore qu'un cinquième environ des ouvriers. Les plus actifs sont les artisans des vieux métiers prolétarisés par l'évolution économique, tailleurs, menuisiers, imprimeurs, soutenus par les compagnons du bâtiment et les mineurs.

A partir de 1840, les ouvriers placent leur espérance dans l'action corporative et l'association mutualiste. Ils savent qu'ils n'ont rien à attendre de l'Etat. Classe laborieuse, classe dangereuse, le prolétariat a conscience de son isolement.

B) *Le socialisme utopique.* — Le socialisme a pour but de réorganiser la société au profit des classes laborieuses.

Le comte de Saint-Simon a, dès 1817, dénoncé l'exploitation de l'homme par l'homme dans le système capitaliste, condamné la propriété et lutté pour « l'amélioration de l'existence morale et physique de la classe la plus nombreuse et la plus pauvre ». Il a opposé les « abeilles industrieuses » aux « frelons politiques » et prêché une religion positive fondée sur la science, la fraternité et la paix entre les peuples. Les saint-simoniens, ses disciples, accentuent le caractère technocratique et l'aspect mystique de la doctrine.

Charles Fourier ne rejette pas la propriété et ne croit pas à l'Etat. Pour lutter contre « la civilisation mercantile », il prêche l'association, « l'ordre sociétaire », le groupement des hommes et des femmes suivant leurs caractères et leurs aptitudes dans des « phalanstères » de 1 600 membres appelés à travailler dans la joie.

Ces deux systèmes, en dehors de bien des extravagances, ont le mérite de définir les deux voies du socialisme : celle du rôle de l'Etat qui rejoint la tradition jacobine et celle de la libre association qui annonce l'anarchisme.

A partir de 1840 la pensée socialiste se développe, mêlant la critique objective du capitalisme et les illusions romantiques. Cabet retrouve le communisme de Babeuf. Il songe à une république idéale (*Voyage en Icarie*, 1842), où l'Etat, seul propriétaire, distribuerait à chacun le travail et les produits nécessaires.

Proudhon critique également la propriété (« la propriété, c'est le vol », dit-il en 1840), mais il repousse le communisme au nom de la liberté. Il préfère l'association (fédéralisme, mutualité, coopérative) et souhaite l' « anarchie », l'administration des choses remplaçant le gouvernement des hommes.

Toutefois, la nécessité de la prise du pouvoir est affirmée par Blanqui et Louis Blanc.

Blanqui croit à la violence. Disciple de Babeuf, conspirateur impénitent malgré ses multiples condamnations (on le surnomme « l'Enfermé »), adepte du coup de main tenté par une minorité de révolutionnaires chargés de guider les masses, il s'inspire de la tradition jacobine. Mais il croit aussi à la force du peuple luttant pour son émancipation, à la dynamique de l'insurrection permanente, à la liberté en face de l'autorité (« Ni Dieu, ni maître »). Son influence tient sans doute à ce qu'il incarne à la fois la gauche montagnarde : terreur, patrie, vertu, et la gauche révoltée.

Louis Blanc croit à la réforme. Il pense que le suffrage universel fondera la démocratie politique et ouvrira la voie à la démocratie sociale. Pour cela il faut assurer le droit au travail et « l'organisation du travail » (1840). L'Etat créera des « ateliers sociaux » qui absorberont peu à peu les entreprises privées.

Le socialisme reste utopique avec des espérances de révolution triomphante ou de fraternité universelle. Mais en 1843 une femme, Flora Tristan, dans *l'Union ouvrière*, expose le programme d'une action collective fondée sur « la lutte de classes », dont Marx allait faire l'analyse dans *le Manifeste communiste* (1848).

C) *Le romantisme populaire.* — Les idées socialistes trouvent un écho dans les milieux littéraires sensibles à l'idéal de fraternité et hostiles à l'égoïsme bourgeois. Le romantisme devient après 1830 « le libéralisme en littérature ». Il s'attache au souvenir de la Révolution et de l'épopée impériale. Il exalte le peuple avec Béranger, Lamennais, Michelet (1).

Les mémoires des compagnons, comme Agricol Perdiguier, dit Avignonnais la Vertu, les almanachs, les images d'Epinal, les chansons (Pierre Dupont, *le Chant des ouvriers*, 1846) vantent le travail bien fait et la dignité ouvrière.

La vie des travailleurs sert de thème aux romans de George Sand, « la baronne rouge » (*les Compagnons du Tour de France*), et Victor Hugo commence à écrire *les Misérables*.

Le prince Louis-Napoléon, emprisonné au fort

(1) « Le peuple est la voix de Dieu » (Michelet).

de Ham, écrit *l'Extinction du paupérisme* (1844). Il s'oriente vers un césarisme démocratique et social.

L'esprit de 1848, tout pénétré de romantisme, croit au progrès (Renan, *l'Avenir de la Science*) et à la fraternité des hommes. La gauche en sera marquée pour longtemps.

3. **Le mouvement républicain.** — A) *Le temps des révoltes (1830-1840).* — Les républicains de 1830 n'étaient qu'un petit groupe, implanté seulement dans quelques régions (Paris, Lyon, la Franche-Comté, le Midi), mal soutenu par le pays. Pourtant, le gouvernement s'inquiéta très tôt de l'activité républicaine. Dès 1831, l'insurrection de Lyon suscita dans la bourgeoisie des réflexes de « peur sociale ». En 1832, aux funérailles du général Lamarque, le drapeau rouge apparut et on dressa des barricades dans les quartiers ouvriers du centre et de l'est de Paris. L'armée et la garde nationale écrasèrent l'émeute au cloître Saint-Merry.

Les républicains, alliés aux bonapartistes, devaient leur force à leur organisation (la Société des Droits de l'Homme) et à leur propagande dans les milieux populaires. Thiers, qui inaugurait alors sa longue carrière de défenseur de l'ordre bourgeois, réprima l'émeute en 1834 à Lyon et à Paris : ce fut le massacre de la rue Transnonain. En 1835, le procès des « accusés d'avril » permit de déporter ou d'emprisonner les chefs républicains. L'attentat de Fieschi contre le roi servit de prétexte à une répression accrue. Les lois de septembre 1835 fixèrent de lourdes peines contre les journalistes et les caricaturistes (Daumier). Le mot même de « République » fut proscrit.

Le parti républicain, sans chefs et sans journaux,

qualifié par Thiers de « minorité en délire », semblait réduit au silence.

Pourtant en 1839 une petite société secrète, celle des *Saisons*, déclencha l'insurrection. Elle échoua. Ses chefs, Barbès, « le Bayard de la démocratie », et Blanqui, « l'Enfermé », furent sévèrement condamnés.

B) *Le temps des réflexions (1840-1848)*. — L'échec des tentatives insurrectionnelles amena la gauche à un effort d'approfondissement doctrinal. La gauche libérale réclama en priorité la réforme politique dans son journal *le National*. La gauche socialiste, dans *la Réforme*, défendit les revendications du monde du travail.

Il appartenait aux radicaux — le mot a alors son sens plein — de tenter une synthèse. Ledru-Rollin, élu député de la Sarthe en 1841, réclama le suffrage universel. Louis Blanc souligna le rôle de l'Etat dans l'organisation du travail.

Le Parti républicain semblait très faible, mais ses idées progressaient dans un pays sensible au discrédit du régime et à la crise économique. Les républicains, au début de 1848, lancèrent une campagne de banquets à travers tout le pays pour exiger des réformes. L'interdiction par le gouvernement Guizot d'un banquet à Paris provoqua la révolution. Les insurgés cette fois ne se laissèrent pas duper comme en 1830. Le peuple de Paris envahit l'Assemblée et exigea la formation d'un gouvernement provisoire représentatif des trois gauches : libérale (Lamartine), radicale (Ledru-Rollin), socialiste (Louis Blanc et l'ouvrier Albert).

Malgré les hésitations des modérés, la République fut proclamée le 24 février 1848 à l'Hôtel de Ville, symbole des libertés populaires. La province accepta le fait accompli.

III. — Les défaites de la gauche (1848-1871)

L'esprit de 1848, fait de confiance dans l'avenir et d'enthousiasme généreux, persista dans la gauche française, alors même que la société bourgeoise et paysanne s'affirmait conservatrice. Il en résulta pour la gauche de sévères défaites.

1. L'illusion lyrique de 1848. — A) *Les grandes espérances.* — Le gouvernement provisoire voulut rassurer le pays en s'affirmant libéral, démocratique (suffrage universel), humanitaire (abolition de la peine de mort et de l'esclavage), pacifique. Il résista aux insurgés qui exigeaient l'adoption du drapeau rouge et l'aide aux révolutionnaires étrangers.

Le ralliement de la nation fut rapide et complet. Les notables orléanistes s'effacèrent, le clergé bénit les arbres de la liberté, les ouvriers offrirent « trois mois de misère au service de la République ». Mais le temps des grandes espérances dura peu.

La pression socialiste apparut très vite à Paris. Cabet, Blanqui, Raspail multiplièrent les clubs et les journaux. Ils appelèrent à l'action directe.

Le gouvernement débordé jeta du lest : il proclama le droit au travail, créa des ateliers nationaux pour les chômeurs, convoqua la Commission du Luxembourg, formée de représentants patronaux et ouvriers. Il accepta, après la manifestation révolutionnaire du 17 mars, de retarder de quinze jours les élections à l'Assemblée constituante que les socialistes, mal implantés dans le pays, redoutaient.

Toute cette agitation, marquée par des grèves et des violences, effraya la bourgeoisie qui souffrait du marasme économique et les paysans hostiles à l'aggravation de la fiscalité (l'impôt des 45 centimes). Le gouvernement provisoire, les libéraux, mais aussi le radical Ledru-Rollin, attaché à l'autorité de l'Etat, décidèrent de donner un coup d'arrêt. Le 16 avril, les manifestants furent dispersés au cri de : « A l'eau les communistes. »

Tocqueville, observateur lucide de la haine grandissante contre les « partageux », constatait : « La propriété chez tous ceux qui en jouissent devient une espèce de fraternité. »

B) *La défaite des socialistes.* — Le suffrage universel portait brusquement le chiffre des électeurs de 250 000 à plus de 9 millions. Grâce à l'enthousiasme de la Révolution de Février et à l'action de Ledru-Rollin, ministre de l'Intérieur, les élections (24 avril) furent un succès pour les républicains modérés.

L'illusion de fraternité se dissipant, un conflit était inévitable avec les révolutionnaires parisiens. Le 15 mai, les manifestants envahirent l'Assemblée pour présenter une pétition en faveur de la Pologne. Dans le tumulte ils proclamèrent un gouvernement provisoire. Les forces de l'ordre eurent vite le dessus. On arrêta les principaux chefs et on ferma de nombreux clubs.

Le gouvernement, sensible à l'évolution de l'opinion, supprima la Commission du Luxembourg. Puis il se préoccupa des Ateliers nationaux. Ceux-ci avaient été organisés par le libéral Marie, non comme des coopératives ouvrières, selon le vœu de Louis Blanc, mais comme de simples ateliers de charité. Le 21 juin parut un décret annonçant leur fermeture. C'était un défi au Paris ouvrier du centre et de l'est qui répliqua par l'émeute.

L'Assemblée s'y attendait : elle confia les pleins pouvoirs au général Cavaignac, ministre de la

Guerre. En quatre jours de combats sanglants, les journées de Juin (23-26), l'armée brisa l'insurrection. Ce soulèvement de la misère et de la faim n'avait pas d'organisation ni de chefs. Il était né spontanément de la colère et du désespoir.

La répression fut brutale. De nombreux ouvriers furent fusillés sur les barricades. Il y eut 25 000 arrestations, 4 000 déportations, 1 500 exécutions. Tocqueville y vit « une sorte de guerre servile » et Marx une véritable « lutte des classes ». Les conséquences en furent considérables : développement de la peur sociale (1), rancune ouvrière contre la République, méfiance de la province contre Paris.

Les mesures de réaction frappèrent les partisans du progrès social (Louis Blanc), les clubs et les journaux populaires. La journée de travail fut fixée à douze heures. Les élections locales (août 1848) consacrèrent le retour en force des notables. La gauche déchirée par ses divisions faisait le jeu du « parti de l'ordre ».

C) *La défaite des républicains.* — La Constitution de 1848 réaffirmait les principes de 1789 : la souveraineté du peuple et la séparation des pouvoirs. Elle n'allait pas au-delà en ne proclamant ni le droit au travail ni le droit à l'instruction. Surtout elle confiait de larges pouvoirs à un président élu au suffrage universel.

L'élection présidentielle (10 décembre) fut favorable à Louis-Napoléon Bonaparte, lié au parti de l'ordre. Aussitôt le gouvernement formé par le Prince-Président prit pour devise : « Ordre, propriété, religion. » Il épura l'administration et pourchassa les républicains.

(1) « Un rouge n'est pas un homme. C'est un rouge », écrivait alors un certain WALLON.

Les élections à l'Assemblée législative (13 mai 1849) furent un succès pour la bourgeoisie conservatrice. Les républicains modérés furent écrasés. Mais le succès des Montagnards, les amis de Ledru-Rollin, surprit. Les « rouges » avaient recueilli 35 % des voix et la carte électorale de la gauche apparaissait avec netteté : les deux grandes villes ouvrières (Paris, Lyon), le Centre (Limousin, Berry, Nièvre), l'Alsace, le sillon rhodanien du Jura au Var (1). La gauche, tirant la leçon des journées de Juin, s'était efforcée de gagner les paysans déçus par la République bourgeoise.

Mais les Montagnards commirent une grave imprudence. Le 13 juin 1849, pour protester contre l'expédition romaine, ils appelèrent à l'insurrection. Quelques barricades s'élevèrent dans le faubourg Saint-Martin, mais la masse ouvrière ne suivit pas. Le président dénonça les factieux : « Il est temps que les bons se rassurent et que les méchants tremblent. »

Les lois de répression frappèrent la presse, les instituteurs que la loi Falloux (15 mars 1850) plaça sous la surveillance de l'administration et de l'Eglise, les ouvriers itinérants, exclus du droit de vote par la loi électorale du 31 mai 1850.

La gauche, traitée en suspecte, n'avait plus rien à voir dans le règlement de compte qui opposait un président bonapartiste et une Assemblée favorable à la monarchie. Lorsque le Prince-Président fit le coup d'Etat du 2 décembre, un certain nombre de députés (Victor Hugo, Jules Favre, Baudin) essayèrent d'organiser la résistance armée. Mais les faubourgs ouvriers ne mirent guère d'empressement à défendre une République qui les avait combattus.

(1) Le département le plus à gauche était la Saône-et-Loire (68 % des suffrages exprimés).

La province fut moins passive. Dans une quinzaine de départements du Centre et du Sud-Est, où la propagande républicaine avait gagné les milieux ruraux, il y eut des soulèvements désordonnés.

Le plébiscite du 21 décembre ratifia le coup d'Etat (1). Les paysans avaient choisi massivement « le neveu de l'empereur ». La Constitution de 1852 établit le césarisme plébiscitaire.

La répression contre les hommes de 1848 fut telle qu'elle fit passer clairement le bonapartisme du côté de la droite. Il y eut 27 000 arrestations, 10 000 déportations, 1 500 expulsions. Des commissions mixtes se montrèrent impitoyables principalement dans les départements « rouges », Basses-Alpes, Nièvre, Drôme. La gauche parut écrasée pour longtemps.

2. **Les républicains sous l'Empire.** — A) *Le recueillement (1852-1860).* — L'année 1852 fut celle de la répression et du rétablissement de l'Empire. Napoléon III avait pour lui l'armée, la bourgeoisie, les paysans, le clergé.

L'opposition était réduite au silence : l'administration épurée, les élections faussées par la candidature officielle et par l'obligation du serment de fidélité à l'empereur imposé aux élus, la presse soumise à une législation sévère. Les républicains n'avaient plus de chefs : les uns étaient discrédités, d'autres emprisonnés, d'autres encore en exil. Les ouvriers, déçus par la République, se défiaient de l'idéologie. « Le socialisme est mort, disait un libéral en 1853, parler de lui c'est faire son oraison funèbre. » L'empereur espérait par des mesures d'assistance obtenir l'appui des travailleurs.

(1) 7 145 000 oui ; 542 000 non ; 1 500 000 abstentions.

Pourtant l'idée républicaine n'était pas disparue. Il y eut quelques complots vite réprimés (Angers, Lyon) et des manifestations silencieuses lors des obsèques d'Arago et de Lamennais. Surtout la jeunesse des écoles, qui lisait avec passion *les Châtiments* de Victor Hugo parvenus clandestinement en France, organisa des chahuts contre les professeurs ralliés au régime (Sainte-Beuve). En 1855, le ministre de la Justice constatait : « Le parti républicain est contenu plutôt que corrigé. »

Aux élections de 1857, et malgré la candidature officielle, les républicains eurent 8 élus dont 5 à Paris. Les anciens refusèrent de prêter serment. Mais les jeunes entrèrent dans la vie publique. Ainsi fut formé en 1858 le groupe des Cinq (Hénon, Ollivier, Darimon, Jules Favre, Ernest Picard).

L'attentat d'Orsini (1858) servit de prétexte à une répression accrue. La loi de sûreté générale permit de déporter ou d'interner sans jugement toute personne antérieurement punie à l'occasion des événements de juin 1848 et de décembre 1851. De nouvelles déportations en Algérie eurent lieu, chaque préfet devant fournir un contingent de suspects.

La gauche, principale victime de la dictature, ayant perdu toute influence dans les campagnes, mal comprise par la classe ouvrière, réfléchit aux conditions de son action.

Il lui apparut que le principal obstacle était l'Eglise catholique. Alors qu'en 1848 il y avait eu un accord spontané entre les républicains et le clergé, l'Eglise s'était ralliée au parti de l'ordre au moment même où le pape Pie IX engageait une lutte sans merci contre le libéralisme et les principes de 1789.

Les républicains, pour atteindre l'Etat, s'affirmèrent anticléricaux. Proudhon, dans son livre *De la justice dans la Révolution et dans l'Eglise* (1858), défendit en face d'un catholicisme autoritaire la liberté de la personne humaine. Vacherot, dans *la Démocratie*, jeta les bases d'une morale naturelle et d'une éducation laïque. Les proscrits, Hugo et Quinet, dénoncèrent la collusion entre l'Eglise et l'Empire.

La gauche était cependant bien faible en 1860, d'autant plus que la guerre d'Italie, glorieuse et libératrice, éveillait des sympathies dans le pays tout entier. Les opposants irréductibles se trouvaient chez les universitaires, professeurs et étudiants, hostiles aux mesures de surveillance et à l'influence de l'Eglise, dans les professions libérales, médecins, avocats, journalistes, et dans quelques milieux ouvriers rebelles au paternalisme.

B) *Le réveil (1860-1870).* — L'Empire autoritaire évolua à partir de 1860 par la volonté de l'empereur qui accorda une large amnistie et rechercha des appuis du côté des libéraux. Grâce aux concessions du pouvoir la vie parlementaire reprit un peu de vigueur. Aux élections de 1863 les républicains firent alliance avec des opposants libéraux. Thiers fut ainsi élu à Paris avec huit républicains et il réclama les « libertés nécessaires » (1864).

Napoléon III, déçu par l'opposition des notables, cherchait à gagner le monde ouvrier. En 1862, il avait autorisé une délégation à se rendre à Londres pour rencontrer les ouvriers anglais. En 1864, il accepta la publication d'un texte d'inspiration proudhonienne, *le Manifeste des Soixante*. Une loi permit la grève pour des motifs professionnels. En 1867, de nouvelles concessions furent accordées en matière de liberté de presse et de réunion.

Cette orientation libérale amena une partie de

la gauche à se rapprocher de l'Empire et Emile Ollivier créa un Tiers-parti dynastique. Mais elle ne rencontra aucun écho auprès de la jeune génération hostile à tout compromis.

Des hommes nouveaux apparurent, Jules Ferry, Gambetta, Ranc, Floquet, Clemenceau. La presse républicaine, modérée avec *le Rappel* (Ernest Picard, Jules Favre), fut violente avec *la Lanterne* de Rochefort (1868) et *le Réveil* de Delescluzes. Celui-ci n'hésita pas à lancer une souscription pour honorer le député Baudin, tué en 1851, et, lors du procès intenté au journal, Gambetta stigmatisa le coup d'Etat du 2 décembre et ses auteurs.

Les ouvriers, qui avaient présenté en 1863 la première candidature ouvrière, et adhéré à l'Internationale (1864), estimaient de plus en plus que « l'émancipation des travailleurs devait être l'œuvre des travailleurs eux-mêmes ». Des grèves violentes éclatèrent en 1870. Mais les ouvriers restaient divisés en proudhoniens, blanquistes, marxistes.

Les républicains étaient aussi affaiblis par de profondes divergences. Les anciens, idéalistes, déistes, libéraux, étaient contestés par les jeunes, positivistes, athées, jacobins. Pour les élections de 1869, Gambetta présenta le programme de Belleville : république, liberté, élection des fonctionnaires, séparation de l'Eglise et de l'Etat, instruction publique, suppression des armées permanentes. « Il faut, dit-il, que la gauche se décide à prendre en main le gouvernail. »

Mais l'heure n'était pas venue. Les républicains l'avaient emporté dans les grandes villes. Le pays restait fidèle à l'Empire, ce que montra bien le plébiscite du 8 mai 1870 (1).

(1) 7 538 000 oui ; 1 200 000 non.

Le 19 juillet, c'était la guerre ; le 2 septembre, la capitulation de Sedan ; le 4 septembre, la proclamation de la République à l'Hôtel de Ville. L'Empire était emporté par la défaite.

3. **L'année terrible.** — A) *La Défense nationale.* — « La gauche, ce mot a un sens précis, déterminé, limité : il indique et définit un parti politique de composition homogène, d'origine identique, de principes communs », c'est ainsi que Gambetta s'exprimait en juillet 1869. En fait, la gauche n'était pas préparée au pouvoir.

La République, une fois encore, avait été proclamée sous la pression du peuple de Paris. Mais le gouvernement du général Trochu ne semblait pas capable de s'imposer. La droite pensait qu'il serait vite discrédité et que la République s'effondrerait. Quant à la gauche révolutionnaire, d'inspiration blanquiste, elle n'avait aucune confiance dans la gauche « ouverte », celle d'un Jules Favre, ami de Thiers et prêt à tous les compromis.

C'est alors que Gambetta, héritier de la tradition jacobine de 1793, joua un rôle décisif. A ses yeux la République s'identifiait à la patrie en danger. Il se prononça pour la guerre jusqu'au bout et pour la nation en armes. « Il dépend encore de nous de lasser la mauvaise fortune et de montrer à l'univers ce qu'est un grand peuple qui ne veut pas périr. »

Il quitta Paris assiégé et, de Tours, puis de Bordeaux, il anima la résistance, leva des armées improvisées, épura l'administration au profit des cadres républicains. Mais pendant ce temps le gouvernement provisoire chargeait Thiers et Jules Favre de rechercher un accord avec la Prusse.

Les exigences allemandes concernant l'Alsace-

Lorraine firent hésiter un moment les partisans de la paix à tout prix. Mais Bazaine capitula à Metz (27 octobre) et les armées de province, malgré l'énergie de nouveaux chefs (Chanzy, Faidherbe), ne purent débloquer Paris.

Dans la capitale les éléments révolutionnaires, confiants dans l'action des masses, réclamaient l'élection d'une Commune et la sortie en masse.

Il y eut ainsi des manifestations le 31 octobre et le 22 janvier pour exiger une lutte énergique contre les Prussiens. Mais les troupes mal équipées et mal commandées subirent des échecs sanglants (Champigny, Buzenval), tandis que le gouvernement réprimait sévèrement l'agitation populaire.

Le 28 janvier était signée la capitulation de Paris. Pour beaucoup elle apparut comme une trahison.

Gambetta protesta : « C'est Paris qui est réduit, ce n'est pas la France. » Il sentait cependant que le pays était las de la guerre et il démissionna.

La gauche jacobine s'effaçait devant la gauche libérale. La droite en profita. Les élections à l'Assemblée de Bordeaux (8 février 1871) traduisirent la volonté de paix du pays et son attachement aux notables traditionnels. Sauf à Paris et dans l'Est, les modérés l'emportèrent.

Thiers, chef du pouvoir exécutif de la République française, négocia avec Bismarck les préliminaires de paix de Versailles qui imposaient au vaincu des conditions rigoureuses : l'abandon de l'Alsace-Lorraine, une lourde indemnité de guerre, l'entrée des Allemands dans Paris. A l'Assemblée les opposants républicains, par solidarité avec les députés d'Alsace-Lorraine, donnèrent leur démission.

Gambetta s'inclina : « J'attends que la France républicaine se retrouve », déclara-t-il. Mais la gauche de la révolte se dressa contre la capitulation.

B) *La Commune.* — L'opposition entre Paris et le reste du pays s'était accentuée depuis la fin de l'Empire. La propagande révolutionnaire des partisans du Salut public et de la Commune de 1793 avait rencontré un large écho dans les milieux populaires. Les souffrances du siège, la faim, le froid, les bombardements, et l'échec des tentatives de sortie avaient suscité la colère contre un gouvernement divisé, incapable, suspect de trahison. L'humiliation de la défaite fut durement ressentie par une population profondément patriote.

Les maladresses de l'Assemblée, en majorité monarchiste et rurale, apparurent comme un défi : suppression de la solde des gardes nationaux, qui était pour beaucoup d'ouvriers, alors sans travail, leur seule ressource ; abolition du moratoire des créances et des loyers, ce qui signifiait brusquement la faillite ou l'expulsion ; interdiction de journaux et arrestation de chefs politiques (Blanqui) ; choix de Versailles, la ville des rois, comme capitale aux dépens de Paris.

Or la Garde nationale avait conservé ses armes (500 000 fusils, plus de 200 canons payés par une souscription populaire) et son organisation : un Comité central dominé par les révolutionnaires.

Thiers, poussé par les milieux d'affaires inquiets, songea à dompter Paris. Le 18 mars, il envoya des troupes pour reprendre les canons à Belleville et à Montmartre, mais les soldats fraternisèrent avec le peuple et deux généraux furent fusillés.

Thiers appliqua alors le plan qu'il avait en vain proposé en 1848 à Louis-Philippe. Il quitta Paris pour reconquérir la ville par la force et écraser définitivement « la vile multitude ». Les maires de Paris (notamment Clemenceau) tentèrent une médiation, mais le gouvernement de Versailles leur opposa une fin de non-recevoir et se prépara à la guerre civile.

Les insurgés, maîtres de Paris, organisèrent la résistance. Le Comité central, dans un manifeste, le 23 mars, exposa aux travailleurs les buts de son action : « L'indépendance de la Commune est le gage d'un contrat dont les clauses librement débattues feront cesser l'antagonisme des classes et assureront l'égalité sociale. »

Le 26 mars, le peuple de Paris fut appelé à élire le Conseil de la Commune. Il fut composé d'éléments très divers : des socialistes (Varlin, Vaillant), des blanquistes (Ferré, Rigault), des jacobins (Delescluze, Flourens) et aussi le peintre Courbet, l'écrivain Jules Vallès, le poète J.-B. Clément.

Le Conseil élabora un programme d'inspiration proudhonienne (19 avril) : affermissement de la République, autonomie et association des communes, abolition des privilèges et des monopoles. Il prit des mesures générales : adoption du drapeau rouge, séparation de l'Eglise et de l'Etat, élection des fonctionnaires. Sur le plan social, il se contenta de décisions pratiques d'importance limitée : prolongation des échéances, suppression du travail de nuit dans les boulangeries, remise en exploitation des ateliers abandonnés par leurs patrons, réforme du Mont-de-Piété. Mais la Commune respecta scrupuleusement l'encaisse-or de la Banque de France et se contenta d'une avance.

Elle dut bien vite consacrer toutes ses forces au combat. Thiers avait obtenu de Bismarck le rapatriement de prisonniers de guerre. Il put ainsi former une armée de 130 000 hommes sous les ordres du maréchal de Mac-Mahon. En face des Versaillais, les « fédérés » ou « communards » ne furent guère que 30 000 combattants.

La conduite des opérations révéla les dissensions des chefs (Cluseret, Rossel, Delescluze) et l'inexpérience des hommes.

Un second siège de Paris se déroula ainsi à partir du 2 avril sous les regards narquois des Allemands. Aux exécutions sommaires des fédérés (Duval, Flourens), la Commune répliqua par le décret des otages. La révolte parisienne resta isolée car les soulèvements improvisés de quelques villes de province (Lyon, Saint-Etienne, Marseille) furent promptement écrasés.

C) *La répression.* — Les Versaillais réussirent à entrer dans Paris le 21 mai. Alors se déroula la semaine sanglante marquée par de violents combats de rues, les gestes désespérés des fédérés (incendie des Tuileries et de l'Hôtel de Ville, exécution des otages), la fureur des Versaillais qui massacrèrent plus de 20 000 personnes aux applaudissements de la presse bourgeoise heureuse d'être débarrassée de « la vermine démocratique et sociale » *(le Figaro).* Les derniers combats furent livrés au cimetière du Père-Lachaise où, par ordre des cours martiales, des exécutions sommaires eurent lieu au mur des fédérés.

La répression fut impitoyable. « L'expiation sera complète », avait promis Thiers. Il y eut 38 000 arrestations. Les vaincus, en longues colonnes, défilèrent sous les sarcasmes du général de Galliffet et les insultes du beau monde. Les conseils de guerre, qui siégèrent jusqu'en 1875, prononcèrent plus de 13 000 condamnations, la plupart à la déportation dans les bagnes de Nouvelle-Calédonie.

Une loi interdit l'adhésion à l'Internationale (1872) et une autre déclara d'utilité publique la construction à Montmartre, où était née la révolte, de la basilique du Sacré-Cœur.

La République avait écrasé l'insurrection et rassuré les possédants : elle en fut consolidée. Le mouvement ouvrier, en revanche, fut réduit au silence pour longtemps.

La Commune fut pour la gauche « un fait capital ». Certes, elle apparut improvisée et tumultueuse. Les républicains de 1848, Ledru-Rollin, Louis Blanc, Edgar Quinet, en répudièrent les violences, tout comme Victor Hugo fidèle à un idéal de fraternité. Mais peu à peu la gauche radicale, indignée par la rigueur de la répression, exigea l'amnistie qui fut enfin accordée en 1880.

Mais que signifiait vraiment la Commune ? Une révolution patriotique, jacobine, dictatoriale, évoquant la Commune de 1793 et l'esprit montagnard d'un Delescluze, adepte du Salut public. Une incarnation d'un gouvernement populaire, d'une démocratie directe sous le contrôle permanent des masses, d'une revanche de l'hébertisme comme l'avait rêvée un Blanqui. Une forme nouvelle d'organisation politique et sociale substituée à l'Etat, dans le respect de l'autonomie communale, selon les vœux des proudhoniens. Une lutte des classes où le prolétariat crée son propre gouvernement, « glorieux fourrier d'une société nouvelle » (Karl Marx).

La Commune, avec ses erreurs et ses incertitudes, incarne la nostalgie du passé révolutionnaire et l'espérance du prolétariat en lutte. C'est dans le sang qu'elle devient un mythe et dans les poèmes de Louise Michel, « la Vierge rouge », d'Eugène Pottier, de Clovis Hughes et de J.-B. Clément dont *le Temps des cerises* reste celui d'une plaie ouverte en plein cœur.

La Commune, c'est la mort des illusions, la « catastrophe du siècle insurrectionnel et romantique » (D. Halévy). Mais c'est une lueur d'espérance.

CHAPITRE III

LA GAUCHE DÉCHIRÉE (1871-1936)

I. — La République conservatrice (1871-1898)

La République s'implanta solidement dans le pays et la gauche libérale, ayant conquis le pouvoir en 1879, orienta le régime dans un sens conservateur. L'opposition vint de la gauche radicale, attachée au progrès démocratique et de la gauche socialiste, traduisant la révolte contre l'injustice sociale.

A l'épreuve du pouvoir il apparut que beaucoup de républicains dits de gauche, principalement à cause de leur anticléricalisme, étaient en fait au service de la bourgeoisie d'affaires.

1. Le succès des opportunistes. — A) *La République conquise.* — L'Assemblée nationale de 1871 laissait présager la restauration de la monarchie. Pourtant la République réussit à cause des divisions de ses adversaires et de l'action prudente des républicains. Thiers, rallié à la République, très lié aux milieux d'affaires orléanistes, déclara dès 1872 : « La République sera conservatrice ou elle ne le sera pas. »

Gambetta, « commis-voyageur de la démocratie »,

abandonna vite les exigences du programme de Belleville pour recommander l'opportunisme politique. Il fit appel à la petite bourgeoisie, soucieuse de liberté et de sécurité, à « une couche sociale nouvelle » capable de constituer les « notables » républicains. Il incarna pour elle le patriotisme, la méfiance à l'égard de l'Eglise (« le cléricalisme, voilà l'ennemi ») et la garantie des propriétés (« il n'y a pas de question sociale »).

Les progrès des républicains s'affirmèrent dans la lutte contre l'ordre moral. Le ralliement du centre-droit orléaniste à la gauche permit le vote de l'amendement Wallon où la République passa à une voix de majorité (1875). Après le 16 mai 1877 et l'échec de la République des ducs, les républicains s'installèrent au pouvoir.

B) *La République confirmée.* — Les républicains prirent alors des mesures significatives : retour de l'Assemblée à Paris, le 14 juillet fête nationale, *la Marseillaise* hymne national, amnistie aux condamnés de la Commune.

L'union se fit d'abord contre l'influence de l'Eglise. L'esprit positiviste et laïque, la pression de la franc-maçonnerie, la volonté de revanche contre l'ordre moral poussèrent Jules Ferry, Paul Bert, Camille Sée à créer l'enseignement public gratuit, obligatoire, laïque et neutre. La lutte religieuse jusqu'à la Séparation de 1905 marqua profondément la gauche.

L'accord se fit aussi sur les lois libérales : liberté de presse et de réunion (1881), inamovibilité des juges, rétablissement du divorce. Mais bien des restrictions subsistèrent : la liberté d'association ne fut pas accordée avant 1901 ; la liberté syndicale (loi Waldeck-Rousseau, 1884) ne fut reconnue qu'aux ouvriers et subordonnée au contrôle policier ; la loi municipale (1884) maintint la tutelle du préfet sur les collectivités locales et établit pour Paris un véritable régime d'exception.

Surtout les propositions de lois sociales furent systématiquement écartées. Dès 1885, J. Ferry déclarait : « Le péril est à gauche. »

C) *La République confisquée.* — Le Second Empire avait été l'âge d'or de la spéculation. Les milieux d'affaires, rassurés par M. Thiers, se rallièrent aisément à la République conservatrice. Le centre-gauche comptait dans ses rangs de nombreux affairistes : Léon Say, Casimir Périer, Henri Germain. Jules Ferry affirmait en 1884 : « Pour moi il n'y a pas de profits illégitimes. »

La politique de classe se précisa très vite par le refus de l'impôt direct, de la nationalisation des chemins de fer, des mesures en faveur de la classe ouvrière. En revanche, le gouvernement favorisa l'expansion coloniale au profit des grandes sociétés. Les scandales politico-financiers se multiplièrent (Panama, 1892) tandis que les groupes de pression renforçaient leur emprise sur le pouvoir. Clemenceau constatait en 1898 : « Le monde d'à présent est tout aux dynasties bourgeoises. »

Après 1890, l'orientation conservatrice s'accentua avec les « progressistes » : Poincaré, grand avocat d'affaires, Barthou, Deschanel. Lors de l'élection de Casimir Périer à la présidence de la République, la gauche réagit et Jaurès dénonça « la louche maison d'usure et de banque où agonise la République ». La tentation de la fortune pour un homme de gauche apparut avec éclat dans la carrière d'un Maurice Rouvier (1).

2. **Les hésitations des radicaux.** — Les radicaux furent d'abord les alliés des opportunistes dans

(1) Modeste employé d'une banque marseillaise, protégé de Gambetta, radical, opportuniste, progressiste, très lié aux milieux d'affaires, compromis un temps par le scandale de Panama, audacieux, cynique, fondateur en 1901 d'un groupe politique et d'une banque, Président du Conseil en 1905.

la lutte contre l'ordre moral. Mais se référant au programme de Belleville (1869), ils exigeaient des réformes de structure. « Les républicains conservateurs, disait Clemenceau, demandent à la République son minimum, nous son maximum. » La rupture intervint en 1880 lorsque Clemenceau attaqua vigoureusement Gambetta puis Ferry.

Les radicaux progressèrent dans le pays. Leur influence, grande dans la bourgeoisie urbaine (Paris, Lyon), s'étendit aux campagnes du Centre et du Sud-Est. Partisans de la petite propriété, patriotes, méfiants à l'égard de l'Eglise et des puissances d'argent, ils eurent l'appui de nombreux journaux, de comités locaux de notables au contact du peuple, des instituteurs laïques, « ces hussards de la République » (Péguy).

Mais l'action des radicaux fut assez hésitante. Lors des grandes crises qui secouèrent le régime, ils se divisèrent. Soucieux de faire bloc contre la réaction, inquiets de la poussée socialiste, ils s'accommodèrent assez bien de la politique opportuniste qui leur apportait des satisfactions sur le plan des libertés publiques et de l'anticléricalisme.

L'aile gauche des radicaux fut dominée par la personnalité de Clemenceau. Eloquent, habile, brutal, il fut un tombeur de ministères. Il dénonça le colonialisme et renversa Ferry (1885). Il réclama la nationalisation des chemins de fer et des mines ainsi que des lois ouvrières. En 1891, il demanda une enquête sur la fusillade de Fourmies et affirma : « C'est le quatrième Etat qui se lève et arrive à la conquête du pouvoir. »

Il apparaissait clairement que les radicaux manqueraient d'efficacité tant qu'ils ne formeraient pas un parti structuré. En 1893, un Comité central d'Action républicaine réunit les principales personnalités : Brisson, Bourgeois, Floquet, Goblet. Peu après, une Association pour les réformes républicaines (1895) groupa 115 parlementaires, 85 comités, 76 loges F.·. M.·. Les deux comités préparèrent le Congrès de 1901.

3. **Les divisions des socialistes.** — « On ne parle plus du socialisme et l'on fait bien. Nous sommes débarrassés du socialisme », constate Thiers en 1877. En fait, la répression de la Commune et l'interdiction de l'Internationale ont empêché pendant plusieurs années toute expression du socialisme. Les premiers congrès (1876-1878), inspirés du proudhonisme, se contentent de réclamer la liberté pour les associations ouvrières.

Avec l'affermissement de la République, l'amnistie aux condamnés de la Commune (1880) et l'autorisation des syndicats (1884), le socialisme reparaît mais profondément divisé.

Ce déchirement du socialisme est dû à la diversité des structures industrielles et par là des mentalités, car il y a peu de rapports entre l'ouvrier qualifié, héritier de l'artisan fier de son métier, et le prolétaire de la mine ou du textile, accablé par la rigueur de sa condition, prompt à la révolte ou à la résignation. Il est dû aussi à la diversité des traditions révolutionnaires qui s'inspirent de Blanqui, Proudhon, Marx.

Le programme du parti ouvrier, élaboré par Jules Guesde et Paul Lafargue, le gendre de Marx, en 1879, place au premier plan la socialisation des moyens de production et d'échange ainsi que l'action politique de classe. Les guesdistes, patiemment, diffusent le marxisme par une habile propagande. Ils s'imposent par leur sens de la discipline. Leurs principaux foyers d'action sont le Nord (où la tradition guesdiste marquera profondément le socialisme), le Midi et le Centre.

La Fédération des Travailleurs socialistes se sépare en 1882 du guesdisme auquel elle reproche sa centralisation et son dogmatisme. Brousse, Joffrin, Benoît-Malon veulent réaliser ce qui est possible — de là leur nom de « possibilistes ». Ils s'intéressent à l'action municipale et à la défense républicaine. Benoît-Malon lance *la Revue socialiste* (1885), qui doit être un lien entre les diverses tendances, et Joffrin est, avec Clemenceau, un des fondateurs de la Société des Droits de l'Homme (1888).

Les disciples de Blanqui forment le Comité révolutionnaire central. Mais les anciens (Eudes, Granger), adeptes du coup de force, se laissent entraîner par le boulangisme. Les jeunes, venus de l'Internationale comme Edouard Vaillant, se rapprochent du marxisme tout en conservant le patriotisme jacobin et l'aspiration à une démocratie des masses. Leur principal appui est la Seine, volontiers gauchiste au sein du socialisme, et le Centre (Vierzon, Montluçon).

Le Parti socialiste ouvrier révolutionnaire s'est détaché en 1890 du groupe possibiliste. Il se veut l'héritier de la Commune avec l'ouvrier Allemane et le poète J.-B. Clément. Il séduit des intellectuels comme Lucien Herr, bibliothécaire de l'Ecole normale supérieure, qui eut une grande influence sur Jaurès et sur Blum. L'allemanisme, qui a l'appui des artisans du vieux Paris, subordonne la lutte politique au combat syndical et appelle à la grève générale.

Les socialistes indépendants refusent d'adhérer à une secte. Ils luttent pour l'unité comme Jules Vallès dans *le Cri du Peuple* ou Lissagaray, l'historien de la Commune. Ils écrivent dans *la Revue socialiste* de Benoît-Malon. Ils croient à l'action parlementaire, bien qu'elle ait été longtemps décevante (1). Jaurès, d'abord républicain de gauche, est l'élu des mineurs et des verriers de Carmaux (1892). Il s'impose aussitôt par sa culture, son éloquence, sa force de conviction : « Le socialisme, dit-il, sort du mouvement républicain. »

Millerand, dans le programme de Saint-Mandé (1896), lance un appel à l'union des socialistes autour d'un but : l'appropriation collective des moyens de production, et d'un moyen : la conquête légale du pouvoir par le suffrage universel.

Il est toutefois un courant du socialisme, tenu à l'écart par tous les autres, qui n'accepte pas cette intégration dans le régime républicain, c'est l'anarchisme. Ses maîtres sont Proudhon et Bakounine, qui ont exalté la liberté individuelle en face de l'autorité.

L'aspect constructif de l'anarchisme, c'est le fédéralisme fondé sur un libre contrat, la fédération des associations ouvrières, des bourses du travail et des syndicats de métier, unis selon les idées de Pelloutier dans une Confédération générale du Travail (la C.G.T., 1895). C'est aussi la fédération des Communes, libérées des tutelles oppressives, et des peuples unis pour la paix.

Mais, dans les dernières années du siècle, l'aspect négatif l'emporte. Les circonstances sont favorables : discrédit de la société capitaliste, réveil de l'individualisme, action des nihilistes russes. Sous l'influence d'intellectuels exaltant « le culte du moi » (Elisée Reclus, Jean Grave, Kropotkine), l'anarchisme prend une allure aventuriste : la propagande par le fait.

(1) Un élu en 1881 ; 5 en 1885 20 en 1889 ; 48 en 1893.

Les attentats terroristes se multiplient, suscitant la réprobation de l'opinion et la rigueur des « lois scélérates ». Ces derniers soubresauts du romantisme révolutionnaire sont vite oubliés lorsque avec l'affaire Dreyfus, la gauche se trouve confrontée avec son vrai problème : la défense des Droits de l'Homme.

II. — La République radicale (1898-1920)

L'affaire Dreyfus, bouleversant la République modérée, amena la constitution du Bloc des gauches en face d'une droite devenue nationaliste, autoritaire, agressive.

Mais le bloc dura peu. Dès 1904, les socialistes se séparèrent des radicaux, tandis que les syndicalistes révolutionnaires déclenchaient de puissants mouvements sociaux.

La guerre fut une grave épreuve pour la nation et pour la gauche, qui se rallia à l'union sacrée, mais qui, à partir de 1917 et de la Révolution russe, se divisa profondément.

1. L'Affaire Dreyfus. — Il s'agissait au départ d'une banale affaire d'espionnage (1894). Elle devint grave lorsqu'il apparut que le capitaine Dreyfus avait été victime de l'antisémitisme de l'état-major et injustement condamné. C'est alors, pour faire rebondir l'affaire, que l'écrivain Emile Zola publia dans le journal de Clemenceau, *l'Aurore*, le 13 janvier 1898, une lettre ouverte au Président de la République intitulée : « J'accuse. » Traduit en cour d'assises pour diffamation, Zola fut condamné au maximum.

Mais l'Affaire était devenue politique et elle divisait la France en deux camps déchaînant les passions. Les partisans de Dreyfus, refusant d'admettre, au nom de l'honneur de l'armée, la condamnation d'un innocent, luttaient pour la vérité, la justice, les droits de l'homme.

On trouvait dans leurs rangs des radicaux (Clemenceau), des socialistes (Jaurès), la franc-maçonnerie, quelques catholiques, en gros la gauche avec ses écrivains (Anatole France, Zola, Péguy) et son organisation, la Ligue des Droits de l'Homme.

Après bien des péripéties, Dreyfus fut gracié par le Président de la République et son innocence reconnue en 1906.

Mais l'Affaire avait révélé la persistance du conflit des deux France, l'une hiérarchique, cléricale, traditionaliste, issue de l'Ancien Régime, l'autre égalitaire, laïque, individualiste, héritée de la Révolution. L'opposition était aggravée par le nouvel aspect de la droite, offensive et factieuse (l'Action française).

La gauche, qui avait été longtemps nationaliste et guerrière, s'orienta vers l'antimilitarisme. Le boulangisme avait déjà montré le danger pour la République d'un général populaire. L'Affaire révéla que l'armée était liée aux milieux réactionnaires. Au moment où le socialisme s'affirmait internationaliste, cette coupure entre l'armée et une large fraction de la nation inquiéta la gauche radicale et patriote.

La gauche, qui avait atténué son hostilité à la religion, « la vieille chanson qui berçait la misère humaine » (Jaurès), fut scandalisée par la violence contre Dreyfus d'une bonne partie du clergé (les Assomptionnistes notamment et leur journal : *la Croix*). L'anticléricalisme fut le thème de l'union des gauches.

L'évolution de Paris vers la droite, sensible dès

le boulangisme, se précisa et la gauche eut maintenant ses positions les plus solides dans la banlieue rouge plus ouvrière. L'Est aussi, par attachement aux traditions religieuses, passa de la gauche à la droite. Par contre, la gauche progressa dans l'Ouest, et surtout dans le Sud-Ouest, qui devint un fief radical (avec *la Dépêche de Toulouse* des frères Sarraut).

2. **La vigueur du radicalisme.** — Après une période de troubles Waldeck-Rousseau réussit à constituer un ministère de Défense républicaine (1899). Malgré ses divisions (1) la gauche fit bloc pour liquider l'affaire Dreyfus, épurer l'armée, poursuivre les ligues factieuses. Surtout Waldeck-Rousseau engagea la lutte contre les congrégations, « les moines ligueurs et les moines d'affaires ». La loi de 1901 établit la liberté d'association, mais elle exigea pour les congrégations une loi d'autorisation et elle interdit l'enseignement aux congrégations non autorisées.

Les élections de 1902, âprement disputées, marquèrent une nette poussée à gauche. Les radicaux (219 élus) étaient les grands vainqueurs et Emile Combes arriva au pouvoir.

Ancien séminariste, puis médecin, ayant gravi les échelons successifs de la carrière politique, « le petit père Combes » était l'incarnation du radicalisme provincial. Avec l'appui de la Délégation des gauches (de Rouvier à Jaurès), il transforma la loi de contrôle de 1901 en mesure d'expulsion, chassant les religieux de leurs couvents, fermant plus de 2 000 écoles libres, rompant les relations avec le Vatican et préparant un projet

(1) Le socialiste Millerand, qui est entré au ministère, est désavoué par son groupe.

de séparation de l'Eglise et de l'Etat qui fut voté, après sa chute, sur le rapport d'Aristide Briand, le 9 décembre 1905 (1).

Le Parti radical, constitué en 1901, est alors le grand parti national. Sa structure très souple repose sur des comités locaux rassemblés dans des fédérations départementales avec, à l'échelon national, un comité exécutif et un président. Le parti, démocratique et laïque, repose sur un accord entre les radicaux, très attachés à la propriété individuelle, et les radicaux-socialistes, plus sévères pour les puissances d'argent, et favorables à l'intervention de l'Etat.

Plus qu'un parti, le radicalisme est un état d'esprit où se retrouvent de grandes idées de la gauche : la foi dans la raison et le progrès, l'attachement aux « grands ancêtres » de 1789 et de 1792 (Danton plutôt que Robespierre), le rôle de l'éducation et du civisme, la défense des petits, des « Français moyens » contre les gros, le souci de concilier ordre et liberté.

Cette doctrine accueille des tendances diverses : le radicalisme éloquent et lyrique des comités provinciaux, le radicalisme sectaire des sociétés de pensée, le radicalisme autoritaire et jacobin de Clemenceau, le radicalisme de la solidarité de Léon Bourgeois, le radicalisme technocratique et affairiste de Caillaux, le radicalisme individualiste d'Alain, « le citoyen contre les pouvoirs ». Mais tout cela s'harmonise dans un parti de large synthèse.

Par sa représentation parlementaire, le rayonnement de sa presse et de ses élus locaux, la position

(1) L'exécution de la loi donna lieu à de vifs incidents lors de l'inventaire des biens d'Eglise et elle suscita des rancunes durables des catholiques contre la gauche.

centrale qu'il occupe dans la nation, le radicalisme a vocation pour gouverner. Barrès constate avec dépit : « La France entière est radicale » et D. Halévy évoque « la République des comités ». Mais le parti, dont la clientèle se compose de petits bourgeois, de fonctionnaires, d'employés, de commerçants et aussi de paysans très attachés à leur bien, a peur du socialisme.

Après les élections de 1906, qui sont un triomphe pour les radicaux, Clemenceau, « le Tigre », arrive enfin au pouvoir avec un vaste programme de réformes. Il crée aussitôt un ministère du Travail pour un socialiste indépendant, Viviani, et envisage la reprise par l'Etat de certains secteurs clés comme les chemins de fer. Mais il a le souci de l'ordre et réprime brutalement les grèves des terrassiers de Draveil, des vignerons du Languedoc, des fonctionnaires, postiers et enseignants.

Les radicaux soutiennent ensuite Aristide Briand, venu du socialisme révolutionnaire, ambitieux et ondoyant, qui brise la grève des cheminots en 1910. Tout en se référant à la gauche, Briand est l'homme de « la concentration » (1).

Le parti radical, que Clemenceau a quitté, croit trouver un chef en la personne de Joseph Caillaux. Grand bourgeois intrigant, il lutte pour la réforme fiscale (l'impôt sur le revenu sera voté en 1914) et la détente internationale. Mais un scandale compromet sa carrière et le succès de la gauche aux élections de 1914 va rester sans lendemain.

3. L'unité socialiste. — Les divergences d'opinion ont porté à cinq le nombre des groupements

(1) Briand sera onze fois Président du Conseil.

socialistes en 1893, mais l'aspiration à l'unité grandit. La formation d'un seul groupe parlementaire marque un premier pas, ainsi que la définition d'objectifs communs (le programme de Saint-Mandé, 1896). Mais l'affaire Dreyfus sépare Jaurès, qui veut lutter pour la justice, et Guesde qui s'en tient à l'action de classe.

Lorsque se précise le danger nationaliste, un comité d'entente socialiste est formé (1898). Puis des regroupements permettent de réduire à deux les organisations socialistes : le Parti socialiste de France (Guesde, Vaillant), plus révolutionnaire, et le Parti socialiste français (Jaurès), qui admet la participation ministérielle et l'alliance avec les radicaux dans le *Bloc des gauches*.

C'est l'Internationale socialiste, reconstituée en 1889, qui demande aux deux partis de s'entendre sur un texte unitaire (1904). Le Congrès d'Unification de la salle du Globe (avril 1905) crée la S.F.I.O. (Section Française de l'Internationale Ouvrière).

Jaurès se soumet à la motion d'Amsterdam qui condamne le « ministérialisme ». Ainsi Guesde l'emporte. La charte du parti unifié précise : « Par son but, par son idéal, par les moyens qu'il emploie, le Parti socialiste, tout en poursuivant la réalisation des réformes immédiates revendiquées par la classe ouvrière, n'est pas un parti de réforme, mais un parti de lutte de classe et de révolution. »

Les guesdistes obtiennent aussi satisfaction quant à l'organisation du parti, hiérarchisé et discipliné : sections locales, fédérations départementales, Congrès national définissant la loi du parti et nommant une Commission administrative permanente.

Jaurès cependant s'impose par sa vigueur, son

éloquence, son sens des réalités. Au blanquisme, adepte du coup de force romantique, et au guesdisme, figé dans l'attente de la révolution violente, il oppose un socialisme « ouvert » avec un but : la conquête du pouvoir par le prolétariat, et une grande souplesse de moyens. « Aller à l'idéal et comprendre le réel », telle est sa formule.

Surtout Jaurès, avec les intellectuels du parti (Lucien Herr, Andler, Blum), croit à l'éducation. « Comme socialiste, dit-il, je ne sépare pas l'affranchissement ouvrier de la culture humaine. » C'est ce qu'il développe, à partir de 1904, dans *l'Humanité*.

Sous l'influence de Jaurès, la S.F.I.O., comme d'autres partis socialistes européens, évolue vers le réformisme, d'autant plus qu'elle est coupée des syndicalistes révolutionnaires. Son audience grandit dans la nation (1). Au Congrès de Toulouse (1908), Jaurès fait adopter à la quasi-unanimité une motion qui fait de chaque réforme « le point de départ et le point d'appui de revendications plus étendues et de conquêtes plus hardies ».

En même temps, la vie du parti devient plus démocratique grâce à l'autonomie des fédérations et à la formation de tendances représentées proportionnellement à la C.A.P. à partir de 1907.

La S.F.I.O., qui est passée de 35 000 adhérents en 1905 à 91 000 en 1914, a gardé ses bastions ouvriers (le Nord, la Seine), mais aussi pénétré les milieux paysans de l'Allier, de la Haute-Vienne, du Var et du Vaucluse.

Le grand problème est alors celui de la guerre menaçante qui divise le parti. Les guesdistes pensent que la propagande contre la guerre risque

(1) 51 élus en 1906 ; 76 en 1910 ; 103 en 1914.

de détourner les travailleurs de la véritable lutte contre la capitalisme. Les révolutionnaires s'affirment antipatriotes et exploitent l'antimilitarisme développé dans les milieux ouvriers. Leur porte-parole est Gustave Hervé.

Jaurès pense, comme Guesde, que « le capitalisme porte la guerre comme la nuée porte l'orage ». Mais il veut que la patrie soit défendue en cas d'agression par le peuple en armes *(l'Armée nouvelle)*. Il croit surtout à une action de l'Internationale contre la guerre, dans l'intérêt même de la nation. « Un peu d'internationalisme, dit-il, éloigne de la patrie, beaucoup d'internationalisme y ramène. » Au Congrès de Stuttgart (1907) puis de Bâle (1912), il lance un appel émouvant pour la paix. Mais le nationalisme se déchaîne et Jaurès est assassiné le 31 juillet 1914.

4. Le syndicalime révolutionnaire. — La Confédération générale du Travail, fondée en 1895, renforcée en 1902, s'efforce d'assurer l'autonomie du mouvement syndical. Les anarchistes, qui ont renoncé à la propagande par le fait, voient dans la Bourse du Travail « l'université ouvrière » propre à favoriser l'émancipation des travailleurs. La persistance de l'artisanat et des petits ateliers dans une France qui s'industrialise lentement, ainsi que les traditions proudhonienne et blanquiste contribuent au progrès de l'anarcho-syndicalisme.

La méfiance à l'égard des partis politiques amène la C.G.T. au Congrès d'Amiens (1906) à refuser toute inféodation à la S.F.I.O.

Le syndicalisme révolutionnaire (Griffuelhes, Merrheim, Jouhaux) croit à l'action directe. Georges Sorel exalte alors le mythe de la grève générale dans les *Réflexions sur la violence* (1908). Mais déjà il apparaît que les minorités agissantes n'entraînent pas la masse des ouvriers, malgré l'âpreté des grèves entre 1906 et 1912. A partir de 1914, devant la guerre menaçante, les syndicalistes se rapprochent des socialistes pour répondre à la déclaration de guerre par une déclaration de grève générale révolutionnaire.

5. **L'épreuve de la guerre.** — La guerre frappe brutalement la S.F.I.O. et la C.G.T. Le parti accepte l'union sacrée. Guesde, Sembat, puis Albert Thomas entrent au gouvernement. Jouhaux s'oriente vers un syndicalisme de collaboration avec un Etat qui accroît son contrôle sur l'industrie. Edouard Vaillant, le communard, le jacobin, affirme : « En présence de l'agression, les socialistes accompliront tout leur devoir, pour la patrie, pour la république, pour la révolution. »

On croit à une guerre courte et à la prompte défaite de l'impérialisme allemand. Mais bientôt les déceptions s'accumulent. Les pertes sont lourdes et la guerre des tranchées impose au « poilu » des souffrances qu'Henri Barbusse révèle dans *le Feu* (1916).

L'exploitation ouvrière, aggravée par la hausse des prix, contraste avec la fortune scandaleuse des profiteurs de guerre. L'âpreté d'un conflit, qui déshonore l'humanité, est condamnée par Romain Rolland qui écrit *Au-dessus de la mêlée.* Le livre indigne les pacifistes d'hier dont beaucoup meurent en héros.

A l'automne 1914, une opposition à la guerre, encore discrète, apparaît autour de *la Vie ouvrière* (Monatte, Rosmer) et de la Fédération des Métaux puis, en mai 1915, dans la Fédération S.F.I.O. de la Haute-Vienne. En septembre 1915, à la Conférence de Zimmerwald, en présence de deux minoritaires cégétistes, Merrheim et Bourderon, une motion est adoptée qui déclare : « Cette guerre n'est pas notre guerre. »

En 1916, alors que se déroule la terrible bataille de Verdun, le mouvement socialiste est divisé en trois tendances, les majoritaires (Guesde, Renaudel, Lebas), fidèles à l'union sacrée et partisans de la guerre jusqu'au bout ; les minoritaires, groupés derrière Jean Longuet, le petit-fils de Marx, qui souhaitent la reprise des liens avec l'Internationale en vue d'une paix sans annexion ni indemnité ; les pacifistes, hostiles à la guerre impérialiste et à la collaboration de classe, dont trois députés (Blanc, Brizon, Raffin-Dugens) ont participé à la Conférence de Kienthal (avril 1916) et lancé un vibrant appel : « Pleurons les morts et sauvons les vivants ! »

Au début de 1917, les socialistes, de plus en plus nombreux, répudient l'union sacrée. « Le socialisme national, dit Pressemane, est la négation du socialisme. » La Révolution russe, les mutineries de l'armée après les échecs de l'offensive Nivelle, les grèves ouvrières, la lassitude générale devant l'ampleur des massacres poussent à une paix de compromis. D'autres que les socialistes y pensent, Briand, Caillaux, Malvy. Les socialistes quittent le gouvernement, tout en décidant à une faible majorité de continuer à voter les crédits militaires.

Mais Clemenceau est porté au pouvoir en novembre 1917. Le « Tigre » incarne la gauche jacobine de la patrie en danger, la dictature républicaine au nom du Salut public. « Je fais la guerre », dit-il, et la nation, qui a consenti tant de sacrifices, se reconnaît dans ce vieil homme déconcertant, autoritaire, passionné. Il réprime toute aspiration à la paix qu'il qualifie de « défaitisme ». Il unifie la coalition des Alliés sous la direction de Foch. Le 11 novembre 1918, c'est la victoire.

Mais à quel prix ? Au cours de l'année 1918, la S.F.I.O. a repris sa liberté. Les ex-minoritaires l'ont emporté en octobre 1918 : Frossard est devenu secrétaire général du parti et Cachin directeur de *l'Humanité*. La C.G.T., de son côté, s'est dressée contre l'intégration du syndicalisme à l'Etat.

L'année 1919 est pour la gauche une année difficile. Le gouvernement a accordé la journée de huit heures et les grandes grèves sont des échecs : les masses indécises ne suivent pas. La IIIe Internationale, qui s'est constituée selon les conceptions du bolchevisme, prétend imposer à tous les partis socialistes une orientation révolutionnaire qui paraît inquiétante à beaucoup.

Les élections de 1919 sont dominées par la personnalité de Clemenceau, « le Père la Victoire », qui agite la peur sociale contre le bolchevik (« l'homme au couteau entre les dents »). C'est un succès pour la droite unie dans le bloc national (1).

Mais plus que le recul électoral, c'est la scission qui menace la S.F.I.O. Chacun sent que l'année 1920 sera décisive, car une grande lueur s'est levée à l'Est avec la Révolution d'Octobre.

III. — La gauche des années tristes (1920-1936)

Le Congrès de Tours, brisant l'unité réalisée en 1905, affaiblit le socialisme. Le Parti communiste se bolchevise au prix de graves troubles internes et une politique sectaire le réduit à l'isolement. La S.F.I.O. progresse, mais elle hésite entre la rigueur doctrinale et la participation au Cartel

(1) 86 radicaux, 68 socialistes (contre 103 en 1914).

des gauches. Les radicaux sont divisés : ils se veulent à gauche, mais donnent leur appui aux gouvernements de droite, baptisés d'union nationale (1).

1. **Le schisme de 1920.** — Le Parti socialiste s'était divisé à partir de 1917, mais si, dans son ensemble, il approuvait la Révolution russe, il rejetait les solutions spécifiques du bolchevisme sur la conquête et l'organisation du pouvoir. Il restait fidèle à la stratégie jauressienne dans le cadre démocratique. L'échec électoral de 1919 ruina les espérances d'une accession légale au pouvoir.

Le mouvement syndical était encore plus profondément déchiré : une tendance, où se groupaient communistes et anarchistes, croyait à la révolution imminente qu'annonçait alors Trotsky, mais la majorité envisageait d'abord des nationalisations pour démanteler le capitalisme (Jouhaux). L'échec des grandes grèves de mai 1920 brisa les espoirs de la C.G.T.

La révolution sociale paraît exclue. Ainsi « l'aile gauche du mouvement ouvrier français, pour ne pas abdiquer ses espérances révolutionnaires, est conduite à se tourner vers la seule révolution qui fournît alors un modèle victorieux : la Révolution bolchevique » (2).

Dès lors le voyage à Moscou de Frossard et Cachin à l'été 1920 et leur acceptation des exigences de la IIIe Internationale sont des faits déterminants. « La scission se fera, écrit Frossard, nous la croyons désormais inévitable. »

Les positions sont en effet très tranchées. La droite, groupée dans le Comité de Résistance

(1) « Les Français ont le cœur à gauche et le portefeuille à droite », constate amèrement Edouard HERRIOT.
(2) Annie Kriegel.

socialiste, se réfère à la tradition démocratique. On y trouve Albert Thomas, Renaudel, Blum, Bracke. Le centre, Jean Longuet, Paul Faure, veut reconstruire une Internationale unique (de là le nom de « reconstructeurs ») et souhaite des négociations loyales avec les bolcheviks. La gauche comprend des « reconstructeurs » plus favorables à Moscou (Frossard, Cachin) et le Comité de la IIIe Internationale, où il y a des socialistes de gauche (Loriot, Vaillant-Couturier) et des syndicalistes révolutionnaires (Monatte, Monmousseau).

Les succès de l'Armée Rouge contre les Polonais poussent l'Internationale communiste à l'intransigeance. Puisque la révolution est en marche, il faut dans toute l'Europe des partis disciplinés, combatifs, prêts à tout pour assurer la victoire. De là découlent les 21 conditions qui imposent un parti neuf, centralisé, épuré, agissant légalement, ou au besoin clandestinement, pour noyauter les syndicats, l'armée, les paysans. Moscou impose sa loi.

Au Congrès de Tours (décembre 1920), Marcel Sembat, Paul Faure, puis Léon Blum défendent la conception jauressienne du socialisme : un parti ouvert et de libre discussion, le respect de l'autonomie syndicale, la méfiance pour la révolution violente, le devoir de défense nationale. « Pendant que vous irez courir l'aventure, dit Blum, il faut que quelqu'un reste pour garder la vieille maison. » Le débat devient passionné après la lecture du télégramme impérieux de Zinoviev.

A une forte majorité (3 208 contre 1 022), la scission est confirmée. Elle ne signifie pas une adhésion raisonnée au bolchevisme, mais une réaction contre le socialisme de l'union sacrée.

La rupture de l'unité syndicale se produit peu

après. Alors que se crée une Confédération chrétienne (la C.F.T.C.) qui souhaite la collaboration des classes (1919), la C.G.T. éclate au Congrès de Lille (1921) : les communistes et les anarchistes fondent la C.G.T.U. (unitaire). Mais en 1923 l'anarchisme rompt avec le communisme. Il survit dans quelques groupes et grâce à quelques militants généreux et incompris (Louis Lecoin).

2. **L'enfance du communisme.** — Le Parti communiste naît sous les meilleurs auspices : il a pour lui la majorité des militants, l'enthousiasme révolutionnaire, et le journal de Jaurès, *l'Humanité*. Mais pour les uns, il n'est que l'ancien Parti socialiste, retournant à l'orthodoxie marxiste. Pour les autres, il est un parti nouveau adoptant les thèses de Lénine et les dogmes du bolchevisme (1).

L'équivoque est très rapidement dissipée par la volonté de l'Internationale communiste. Trotsky et Zinoviev condamnent les lenteurs du parti français à réaliser la bolchevisation par l'adoption de l'idéologie marxiste-léniniste sans aucun compromis avec la social-démocratie, l'agitation révolutionnaire substituée au « crétinisme parlementaire », l'organisation sur les lieux de travail en cellules d'entreprise, le centralisme soumettant les échelons inférieurs à l'obéissance absolue aux décisions des organismes supérieurs, la subordination du syndicat au parti, enfin l'obéissance inconditionnelle à Moscou.

Les premières années sont marquées par les exigences de Trotsky qui impose l'épuration du parti, par les départs (Frossard démissionne en 1923) et par de nombreuses exclusions. Pendant toute

(1) S.F.I.C. Section Française de l'Internationale Communiste.

cette période « le parti se guérira plus facilement de l'opportunisme en s'amputant régulièrement de sa droite que du sectarisme qui lui est en quelque sorte consubstantiel » (J. Fauvet).

Le secrétariat général est d'abord assuré par Treint, un maladroit qui se vante de « plumer la volaille socialiste », puis par Pierre Semard, bien secondé par Maurice Thorez, secrétaire à l'organisation (1925).

C'est le moment où le parti, luttant contre l'impérialisme de son propre pays, affirme sa solidarité avec Abd el-Krim, le rebelle marocain, en pleine guerre du Rif. La répression s'abat sur lui. Dès 1927, le ministre radical de l'Intérieur, Albert Sarraut, s'écrie : « Le communisme, voilà l'ennemi. » Les principaux chefs (Thorez, Frachon) sont poursuivis puis arrêtés. La direction du parti échoit au « groupe » Barbé-Célor, qui applique sans discernement des méthodes bureaucratiques.

Il en résulte une chute des effectifs : de 109 000 adhérents en 1921 à 29 000 en 1931. Le rayonnement du parti au sein des intellectuels, remarquable à ses débuts (Anatole France, Henri Barbusse), et au temps du surréalisme (Breton, Aragon, Eluard), diminue.

L'intransigeance doctrinale et tactique ne favorise guère non plus les succès électoraux. En 1924, « le bloc ouvrier et paysan », opposé à la fois au bloc national et au Cartel des Gauches, obtient 26 sièges. La clientèle est à la fois ouvrière (région parisienne) et paysanne (le Cher, la Corrèze, le Lot-et-Garonne). Sous la pression de l'Internationale, le parti durcit sa position. A l'opposition gauche-droite, il a substitué la tactique « classe contre classe ». La politique du « front unique » à la base consiste à dénoncer la « trahison » des chefs socialistes, tout en essayant de gagner les ouvriers socialistes au communisme.

Aux élections de 1928, les communistes n'ont plus que 14 élus. Si Duclos a battu Blum à Paris, le P.C. n'a pu entamer les bastions industriels de la S.F.I.O. Bien que le P.C. se soit maintenu partout au second tour, ce qui a servi la droite, il apparaît que la moitié de ses électeurs ont appliqué la discipline républicaine, notamment dans le Centre et le Midi. A partir de 1930, malgré la dénonciation du sectarisme par Doriot, maire de Saint-Denis, puis par Thorez, la tactique « classe contre classe » est maintenue. Aux élections de 1932, c'est un désastre (1) : le P.C. est isolé dans un pays qui ne croit plus à la révolution.

3. **La reconstruction socialiste.** — Au lendemain du Congrès de Tours, la « vieille maison », qui n'avait plus guère que 30 000 adhérents, semblait bien lézardée. Elle avait pour elle cependant la majorité des députés (55 sur 68) ainsi que des élus locaux, l'appui de la C.G.T., une vie démocratique faisant constraste avec le sectarisme agité du P.C. Par ailleurs, le reflux de la poussée révolutionnaire d'une part, et la politique réactionnaire du Bloc national au pouvoir favorisaient les progrès d'un socialisme constructif.

Dès 1925, la S.F.I.O. comptait plus de cent mille adhérents, et elle participait à la IIe Internationale rénovée. Surtout le parti était dirigé avec efficacité par deux hommes très différents, mais complémentaires. Léon Blum représentait la pensée socialiste. Cultivé, sensible, convaincu,

(1) Le P.C. n'a que 7 % des suffrages et 11 élus. Cachin, Marty, Duclos sont battus.

il apparaissait comme l'héritier de Jaurès. La haine que lui portait la droite renforçait son influence. Dans les congrès, au Parlement, dans le journal *le Populaire*, il s'appliquait à distinguer le socialisme du communisme comme du radicalisme. Paul Faure, secrétaire général, incarnait l'appareil. Bon organisateur, il visitait les fédérations et stimulait les militants.

Pourtant la position politique de la S.F.I.O. était équivoque. Sur le plan électoral, elle se trouvait l'alliée naturelle des radicaux, avec qui elle forma le Cartel des Gauches et obtint, en 1924, 101 élus. Sur le plan politique, elle apparaissait comme une nuance, un peu plus rouge, de la gauche républicaine attachée à la laïcité de l'Etat et de l'école, aux réformes sociales, à la Société des Nations où Briand et Paul-Boncour luttaient côte à côte pour la sécurité collective et le désarmement.

Mais si le parti progressait dans le Midi aux dépens des radicaux, il gardait sa clientèle ouvrière dans le Nord, le Centre et, à un moindre degré, dans la Seine. Dès 1921, il avait fixé les grandes lignes de son programme : élargissement de la démocratie politique, impôt sur le capital, nationalisation des secteurs clés de l'économie sous le contrôle des travailleurs, extension des avantages sociaux et du droit syndical. Les radicaux ne pouvaient admettre cette remise en cause du libéralisme.

Et il y avait plus. Dans l'espérance très sincère d'une réunification du socialisme, la S.F.I.O. tenait à affirmer sa fidélité aux thèses de Marx et aux statuts de 1905. « Nous ne pensons pas, écrivait Blum en 1927, qu'on puisse passer du régime actuel de la propriété au régime nouveau par une série de transitions, de dégradations presque insensibles. » Tout en faisant de la violence « un suprême recours », et sans nier l'utilité des réformes, la S.F.I.O. gardait comme but la transformation décisive de la propriété, donc la révolution sociale.

Léon Blum fut amené ainsi à distinguer la « conquête » du pouvoir qui permettrait de « sauter le pas », d'établir le socialisme, et « l'exercice » du pouvoir qui se ferait dans le cadre légal, si la S.F.I.O. dirigeait le gouvernement, et qui ne pourrait être qu'une gestion améliorée du capitalisme. Aussi la tactique du parti provoqua-t-elle des discussions passionnées.

Lorsque les radicaux en 1924 firent des offres de participation ministérielle, celles-ci furent repoussées. La S.F.I.O. apporta son soutien à Herriot pour sa politique de défense laïque et d'apaisement international. Mais Herriot ayant trébuché devant le « mur d'argent », la S.F.I.O. revint à l'opposition.

Aux élections de 1928, remportées par la droite poincariste, les socialistes préservèrent leurs positions (100 élus), leurs électeurs étant toutefois plus provinciaux et plus ruraux. Blum, battu à Paris, fut élu à Narbonne en 1929.

Mais déjà la stratégie du parti était remise en cause. A droite, l'équipe de la *Vie socialiste* (Paul-Boncour, Renaudel, Auriol) souhaite une collaboration complète avec les radicaux. A gauche, le groupe de *la Bataille* (Zyromski, Bracke), d'inspiration guesdiste, répudie le ministérialisme.

Pendant ce temps, la doctrine même est critiquée par les intellectuels du parti. Le schéma rigide du marxisme semble s'appliquer assez mal au capitalisme dynamique de la prospérité (1924-1929). Il n'y a, constate Jules Moch, ni antagonisme croissant des classes, ni paupérisation aggravée des masses. Sous l'influence du socialiste belge Henri de Man (*Au-delà du marxisme*, 1927), apparaît un socialisme volontariste et technocratique.

Les élections de 1932, dont on attendait beaucoup, sont une relative déception (1). Le divorce entre les élus, partisans du soutien même sur des projets financiers déflationnistes, et les militants qui préfèrent l'opposition amène de sérieux remous. Au Congrès de 1933, se forme le groupe des « néos », qui, impressionnés par le nazisme, réclament un socialisme national et un Etat fort. Les « néos », Montagnon, Déat, Marquet, dont les conceptions autoritaires ont épouvanté Léon Blum, sont exclus du parti. La S.F.I.O. condamne aussi les jeunes de *Révolution constructive* adeptes de la planification et de l'action syndicale.

Le Parti socialiste, qui a surmonté le schisme de 1920, semble désorienté par le fascisme et la crise.

4. **L'ambiguïté du radicalisme.** — Les radicaux ont participé à l'union sacrée sans défaillance. Après la victoire, le radicalisme resta le fondement du régime (2). Les radicaux gardaient la confiance de la province française. Par leurs élus du Centre, du Midi, du Sud-Ouest, par leurs bastions municipaux (Herriot à Lyon), par leur doctrine souple et généreuse, ils étaient la gauche rassurante.

Partisans de la démocratie, de la laïcité, d'un progrès social sans à-coups, de l'apaisement international, ils pouvaient tout aussi bien conduire à la victoire le Cartel des Gauches en 1924 ou soutenir Poincaré et l'Union nationale en 1926. Les congrès savaient élaborer des motions de compromis (dites nègre-blanc) qui évitaient les impératifs comme les exclusives. Le groupe parlementaire, où la

(1) La S.F.I.O. a 132 élus, mais les radicaux en ont 160.
(2) « Le radicalisme a donné une âme à la République », Albert Bayet.

liberté de vote était la règle, se divisait le plus souvent (1).

La force du parti tenait à son adaptation au tempérament français ainsi qu'aux solides positions locales de ses élus. Sur le plan national, il fournissait une large part du personnel ministériel, détenant de préférence l'Intérieur (Albert Sarraut), l'Instruction publique (Herriot), l'Agriculture (Queuille). Le Sénat, par son mode d'élection, était une forteresse radicale. Jules Jeanneney en fut longtemps président. Joseph Caillaux, que l'on avait pu croire écarté à jamais de la vie politique, refit surface et, comme président de la Commission des Finances du Sénat, il s'y fit défenseur des possédants, contribuant à la chute d'Herriot en 1925 puis à celle de Blum en 1937. Dans les congrès radicaux, « la guerre des deux Edouard » amena tour à tour à la présidence du parti Herriot, plus modéré, et Daladier, « le taureau du Vaucluse », favorable à l'union des gauches.

Le Parti radical n'exerça directement le pouvoir qu'à deux reprises (1924-1926 et 1932-1934). Mais il ne fut réellement dans l'opposition que de 1928 (Congrès d'Angers) à 1932. A cette date, avec 160 élus, il restait le premier groupe parlementaire, mais tiraillé entre la gauche et la droite.

5. **Les signes d'évolution.** — En 1934, la gauche semblait plus désunie que jamais. Les radicaux participaient une fois de plus à un gouvernement d'union nationale dirigé par la droite. Les socialistes, débarrassés des néos, n'envisageaient l'unité que par le retour pur et simple des communistes à « la vieille maison ». La C.G.T. proclamait : « Entre les communistes et nous, il ne peut y avoir rien de commun. »

Au P.C. il y avait eu des changements. Maurice Thorez avait éliminé le groupe Barbé-Célor,

(1) Les adversaires raillaient leur attachement au pouvoir. « Les radis, plaisantaient-ils, sont rouges à l'extérieur, blancs à l'intérieur et toujours près de l'assiette au beurre. »

repris le parti en main (1931) et condamné le sectarisme. Mais son attitude à l'égard de la S.F.I.O. restait très dure : « On ne marie pas l'eau et le feu. »

Les partisans de l'unité d'action étaient des minoritaires : le communiste Doriot, les socialistes de la Seine Jean Zyromski et Marceau Pivert, les jeunes radicaux (Jean Zay, Mendès France, Pierre Cot) et quelques républicains (Gaston Bergery).

Pourtant des faits nouveaux étaient apparus qui allaient modifier la situation. La crise économique mondiale avait atteint la France en 1932. L'arrivée d'Hitler au pouvoir (1933) encourageait partout les mouvements fascistes. C'est alors que se produit l'émeute du 6 février 1934, confuse dans ses causes (l'émotion populaire causée par le scandale politico-financier de Stavisky) comme dans son déroulement. Deux faits s'en dégagent : le rôle des lignes factieuses et la faiblesse du gouvernement Daladier.

A Moscou l'Internationale communiste, inquiète du danger nazi, modifie sa stratégie. Elle recommande maintenant l'unité d'action, « à tout prix », avec les socialistes et les républicains des « classes moyennes » adversaires du fascisme. M. Thorez, « fils du peuple », bien secondé par Duclos, entreprend alors de faire du P.C. « le Parti de la nation française ».

Au moment où la droite factieuse, par haine de la République, se tourne vers l'étranger, le P.C., renonçant à un sectarisme sans issue, aspire à retrouver sa place au sein des républicains.

Les trois gauches ainsi se rapprochent sous la pression de l'événement : les républicains de la liberté (radicaux et socialistes réformistes), les communistes qui se réfèrent désormais au salut public et à l'Etat jacobin, les sociaux-révolutionnaires, méfiants certes, mais sensibles au puissant mouvement populaire qui s'affirme contre le fascisme. Mais il reste à faire l'unité.

Chapitre IV

A LA RECHERCHE DE L'UNITÉ (1936-1981)

I. — Le Front populaire

Le Front populaire a été pour la gauche une espérance et une épreuve. La réalisation de l'unité, les mesures de progrès social, l'enthousiasme des masses populaires, autant de faits positifs qui ont laissé le souvenir des succès de la gauche unie.

Mais le bilan se solde par un échec. L'élan réformateur s'est promptement brisé, la liberté et la paix n'ont pas été sauvées.

1936 n'en est pas moins une date capitale pour la gauche.

1. **La formation.** — Le Front populaire, rassemblement de toutes les forces anti-fascistes, s'est formé progressivement. Un mouvement d'intellectuels pacifistes, dit Amsterdam-Pleyel (Romain Rolland, Barbusse), d'inspiration communiste, n'avait eu qu'un écho limité. Après le 6 février, un Comité de Vigilance des Intellectuels Antifacistes, avec le socialiste Paul Rivet, le communiste Langevin, le radical Alain, préfigure une union de la gauche que soutient la Ligue des droits de l'Homme. Mais tout dépend de l'attitude des partis politiques dont le rapprochement va s'opérer par étapes.

Le 12 février 1934, la C.G.T. ayant lancé un mot d'ordre de grève générale pour protester contre l'action des ligues, la S.F.I.O. puis le P.C. organisent, cours de Vincennes, une grande manifestation. Bientôt les deux cortèges, d'abord séparés, fusionnent au cri d' « Unité ». Ce n'est encore qu'un début.

Le pacte d'unité d'action S.F.I.O.-P.C. n'est signé que le 27 juillet, après de laborieuses négociations. En octobre, M. Thorez lance l'idée d'un Front populaire élargi par l'alliance des « classes moyennes ». Cette ouverture vers les radicaux, qui participent alors aux gouvernements de droite, surprend la S.F.I.O. et inquiète son aile gauche.

Au printemps 1935, Laval, soucieux d'embarrasser les communistes, signe le pacte franco-soviétique. Il ne fait que valoriser la nouvelle politique de défense nationale adoptée par le P.C.

Le 14 juillet 1935, une manifestation groupant 500 000 personnes se déroule de la Bastille à la Nation, au cœur du faubourg Saint-Antoine, foyer historique du Paris révolutionnaire.

Au début de 1936, l'accord se fait sur l'organisation, aux dépens du P.C. : il n'y aura pas de comités à la base. L'entente se réalise aussi sur le programme, mais aux dépens de la C.G.T. (dont le Plan de Travail établi dès 1934 suscite des réserves) et de la S.F.I.O. Pas de réformes profondes de la structure économique. Le P.C. et les radicaux craignent que les nationalisations n'effraient les classes moyennes.

Le programme du 18 janvier, pour limité qu'il soit, demeure très important : défense des libertés publiques par la dissolution des ligues factieuses, de la paix par la sécurité collective, du pouvoir d'achat des salariés et des paysans (1).

(1) « Le pain, la paix, la liberté. »

L'Union de la gauche est complétée en mars 1936 par la réunification syndicale. La C.G.T. groupera bientôt cinq millions d'adhérents.

2. **Les succès.** — Au début de l'année 1936, la tension s'accroît à l'intérieur (attentat contre L. Blum), et à l'extérieur (remilitarisation de la Rhénanie). A la presse de droite, où se déchaînent l'antiparlementarisme et l'antisémitisme, la gauche réplique par *la Lumière* (A. Bayet), *la Flèche* (G. Bergery), *Vendredi* (Guehenno, Chamson). La campagne électorale est centrée sur la défense républicaine. A la radio, où les Partis ont accès pour la première fois, M. Thorez s'efforce de rassurer les classes moyennes et tend la main aux catholiques, pour construire « une France libre, forte et heureuse ».

Le premier tour (26 avril) indique une légère poussée à gauche : mais si les socialistes maintiennent à peu près leur position (1 900 000 voix,) les radicaux perdent 400 000 voix ; les communistes doublent les leurs (1 500 000). La S.F.I.O. garde son influence dans les villes industrielles et elle gagne, aux dépens des radicaux, dans les campagnes du Sud-Ouest et du Midi. Le P.C. progresse dans la région parisienne, le Nord, les Bouches-du-Rhône, et dans les régions rurales du Centre et du Midi.

Au second tour (13 mai), grâce à la discipline républicaine, le P.C. a 72 députés, les radicaux 116, la S.F.I.O. 146. Léon Blum revendique aussitôt la responsabilité de constituer le gouvernement dans le cadre de ce qu'il appelle « l'exercice du pouvoir », c'est-à-dire en respectant le contrat du Front populaire sans aller au-delà.

Les conditions d'action sont difficiles. Léon Blum, respectueux des délais légaux, doit attendre un mois pour former son gouvernement (4 juin). Les communistes, malgré l'avis de M. Thorez, refusent d'y participer. Les radicaux assument des ministères politiques, mais restent très méfiants en matière économique et sociale.

Léon Blum, leader respecté de son parti, affronte avec crainte l'épreuve du pouvoir. C'est un intellectuel, un humaniste, un juriste. Il veut éviter par-dessus tout une mésintelligence avec la classe ouvrière, de là ses hésitations.

Or juin 1936 c'est l'explosion populaire. Les masses impatientes craignent d'être une fois de plus frustrées des fruits de la victoire. Des grèves éclatent dans les usines d'aviation, au Havre, à Toulouse, elles s'étendent à la métallurgie, au textile, au commerce, bref à tout le secteur privé. Il y a bientôt 1 500 000 grévistes. La grève est spontanée, enthousiaste. « Cette grève elle-même est une joie... Un peu de fierté au cœur, un peu de chaleur humaine » (Simone Weil). Elle prend une forme nouvelle, « la grève sur le tas », avec occupation de l'usine par les ouvriers. Léon Blum est inquiet, « frappé au visage », et la C.G.T. tente en vain de freiner le mouvement. La droite, désemparée, réagit aussitôt par l'évasion des capitaux. Toutefois elle accepte de négocier pour gagner du temps.

Les accords Matignon (8 juin) accordent aux travailleurs la semaine de 40 heures, les congés payés (15 jours), l'augmentation des salaires (de 7 à 15 %), la généralisation des conventions collectives. Des mesures sont prises ensuite en faveur des fonctionnaires, victimes de la déflation, des paysans (l'Office du Blé), des commerçants grâce à l'assouplissement du crédit. Mais surtout l'été 1936 marque « la promotion des salariés à l'humain » (G. Lefranc) : les premières vacances, le camping, les auberges de jeunesse, l'effort de culture populaire. Toutefois, les réformes de structure sont bien minces : l'élargissement du conseil de la Banque de France, la nationalisation des usines de guerre (et en 1937 de la S.N.C.F.), la prolongation de la scolarité à 14 ans (Jean Zay), un début de dialogue aux colonies (Algérie, Syrie).

La *Gauche révolutionnaire* (1) attendait davantage du dynamisme spontané des masses. « Tout est possible », affirmait Marceau Pivert. Mais le P.C., soucieux de la plus large union contre le fascisme, brisa net l'élan révolutionnaire. « Tout n'est pas possible, déclara M. Thorez, il faut savoir terminer une grève. » Les travailleurs, une fois la fièvre passée, se laissèrent convaincre (2). Le 14 juillet 1936 fut le dernier grand jour.

3. **Le déclin.** — Le gouvernement attendait des mesures sociales qu'il avait prises la relance de l'économie. Or celle-ci ne se produit pas. La dévaluation s'impose. Le gouvernement doit s'y résoudre en septembre. La mesure est tardive et incomplète. Elle mécontente les travailleurs et encourage l'opposition de droite.

La situation extérieure s'aggrave avec la guerre d'Espagne (18 juillet) qui divise profondément les Français. Léon Blum, après avoir envisagé de soutenir les républicains, se résigne à la non-intervention, alors que l'Allemagne et l'Italie aident massivement Franco. La gauche envoie cependant des volontaires (Malraux, *l'Espoir*, 1937). Toutefois, si

(1) La *Gauche révolutionnaire*, animée par Marceau Pivert, subit l'influence des éléments trotskystes et critique âprement Léon Blum. Elle sera exclue de la S.F.I.O. en juin 1938.

(2) « Beaucoup qui n'avaient que le mot de révolution à la bouche quand elle était encore lointaine ne la reconnaissent plus quand elle est là » (Daniel Guérin).

désireux qu'ils soient d'éviter la guerre, Blum et Daladier entreprennent un important effort de réarmement.

Les adversaires du Front populaire, les partis d'extrême-droite, héritiers des ligues dissoutes en juin 1936, lancent une vigoureuse offensive. Le patronat réorganisé (C.G.P.F.) rompt avec les syndicats.

Les radicaux, indignés par les désordres et par les procès de Moscou, s'interrogent sur leur alliance avec les communistes. Le P.C., tout en maintenant son soutien, attaque de plus en plus vivement un gouvernement qui ne sait pas « faire payer les riches » et qui abandonne l'Espagne. La gauche révolutionnaire renouvelle ses avertissements : « Ou le gouvernement s'attaquera au grand capitalisme en socialisant les industries clés et en réalisant le contrôle ouvrier, ou le gouvernement tombera. »

Devant les difficultés financières, Léon Blum annonce la nécessité d'une « pause » dans le domaine social (13 février 1937). Les ouvriers sont mécontents. A Clichy, des manifestants de gauche se heurtent à la police. Blum pense à démissionner. Il propose enfin un programme financier énergique, impliquant les pleins pouvoirs et le contrôle des changes. La Chambre accepte, mais le Sénat refuse et Blum se retire (22 juin). Au Congrès de Marseille, Brossolette devait lui dire : « On n'a pas le droit de capituler quand on parle au nom de la misère humaine. »

4. Le désastre. — Un an après l'enthousiasme de juin 36, le P.C. a 340 000 adhérents, la S.F.I.O. 275 000, le Parti radical 80 000, et la C.G.T. connaît une extension encore jamais atteinte. Pourtant les beaux temps du Front populaire sont passés.

Le gouvernement Chautemps (juin 1937-mars 1938) renonce au soutien communiste et à la participation socialiste à partir de janvier 1938. Léon Blum, pour faire face à une situation internationale très tendue (l'annexion de l'Autriche par Hitler), propose un ministère d'union nationale. Il échoue par suite de l'hostilité de la droite. Il forme alors un nouveau gouvernement de Front populaire, mais le cœur n'y est plus. Le Sénat le renverse.

Le gouvernement Daladier (avril 1938-mars 1940) revient à la « concentration » avec l'appui des modérés. La liquidation du Front populaire s'opère alors rapidement : dévaluation avec le franc Reynaud, dérogation à la loi des 40 heures, relâchement des contacts avec l'U.R.S.S. et capitulation de Munich (29 septembre 1938), répression de la grève générale (30 novembre).

Les partis de gauche se divisent. Les radicaux, dont les éléments conservateurs n'ont jamais admis le Front populaire, se rapprochent de la droite.

Les socialistes, qui sont désormais dans l'opposition, sont confrontés une fois de plus au grave problème de la Défense nationale. Les uns (Paul Faure) sont pour la négociation avec Hitler, les autres (Léon Blum) pour la résistance. Blum l'emporte.

La S.F.I.O. est déchirée, car la gauche révolutionnaire a été exclue au Congrès de Royan (juin 1938). Marceau Pivert fonde le Parti socialiste ouvrier et paysan, dont l'audience reste faible. L'annexion de la Tchécoslovaquie (mars 1939) provoque des réactions contradictoires. Les socialistes, qui ont accepté les accords de Munich avec « un lâche soulagement » (L. Blum), sont en proie à l'hésitation. Mais ils acceptent la déclaration de guerre (3 septembre), puis la dissolution du P.C. Ils participent au ministère Paul Reynaud de Défense nationale.

Les communistes traversent une période difficile. Ils ont tout fait pour créer un « Front français » contre le fascisme. Les accords de Munich les révoltent. Le pacte germano-soviétique (23 août 1939) les surprend. Ils en rejettent la responsabilité sur les hésitations des Anglo-Français. Mais le P.C., jusque-là partisan de la lutte contre le nazisme, doit réviser complètement sa position et condamner « la guerre impérialiste ». L'opinion n'admet pas cette volte-face, qui semble dictée par Staline. Les socialistes, les syndicalistes, les intellectuels anti-fascistes (Langevin, Joliot-Curie) crient à la trahison.

Le parti perd d'un coup le capital de sympathie qu'il avait acquis depuis 1935 en s'intégrant à la nation. Il perd aussi ses moyens d'action : le parti est dissous, ses élus déchus, ses militants pourchassés, sa presse interdite.

Il aggrave encore son cas après la défaite de juin 40 par une attitude équivoque : désertion de Maurice Thorez, qui gagne Moscou, avances aux autorités d'occupation pour faire reparaître *l'Humanité*, déclarations mal venues contre l'Angleterre alors engagée dans la bataille de Londres. Toutefois, dès l'automne, le parti s'oppose résolument au gouvernement de Vichy, qui multiplie les arrestations, et Gabriel Péri appelle à la lutte contre le nazisme.

Le 10 juillet 1940, la République a disparu. Les pleins pouvoirs ont été accordés au maréchal Pétain, chef de l'Etat. Sur 666 parlementaires présents, 80 seulement ont eu le courage de dire non dont 36 S.F.I.O. et 27 radicaux. La droite revient au pouvoir. La gauche est en miettes.

II. — La République reconquise et perdue

En 1945, la gauche révolutionnaire, supplantée par le communisme, disparaît. Il n'y a donc plus que deux gauches en présence, celle de l'Autorité avec le communisme stalinien, celle de la Liberté avec le socialisme démocratique.

Ces deux gauches unies semblent capables de transformer la société. « Le socialisme, constate Léon Blum, est le maître de l'heure. » Mais la guerre froide entre les deux blocs provoque la rupture (1947), isolant le P.C. durci par le stalinisme, rejetant la S.F.I.O. vers le centrisme.

La droite peu à peu refait surface. Mais c'est une gauche divisée qui doit, en 1954 et en 1956, assurer la responsabilité du pouvoir en face des difficultés institutionnelles, financières, et surtout coloniales.

La République s'enlise dans l'affaire algérienne. Le coup d'Etat du 13 mai 1958 est pour la gauche un grave échec.

1. **La Résistance.** — Le régime de Vichy est bien la revanche de la droite et l'ordre nouveau, celui de *la Révolution nationale*, une réaction contre la République parlementaire, libérale et laïque.

Mais la Résistance n'est pas le monopole d'une tendance. C'est un sursaut national d'une minorité qui, dans des conditions difficiles, réagit spontanément contre l'occupant nazi et qui s'abstient de tout dogmatisme politique.

En fait, jusqu'en 1942, résister, « c'est surtout prendre des contacts, se retrouver pour se donner confiance, jeter les bases d'une organisation dont on ne sait guère comment elle fonctionnera, et surtout diffuser la bonne parole » (H. Michel). Le général de Gaulle, grâce à la radio de Londres, gagne peu à peu une large fraction de l'opinion à deux grandes idées : la lutte contre l'ennemi pour la libération, le retour au régime républicain et démocratique. Toutefois, à l'intérieur, la Résistance connaît des débuts pénibles.

Parmi les partis politiques, le P.C. est mieux préparé que les autres à l'action clandestine. La guerre entre l'Allemagne et l'U.R.S.S. (22 juin 1941) le libère des incertitudes qui l'avaient tourmenté depuis 1939. Il s'applique à structurer son organisation avec des militants résolus (Villon, Marrane), crée les Francs-Tireurs et Partisans (F.T.P.), subit les représailles de l'occupant : « Je vais mourir pour que vive la France » (Gabriel Péri).

A partir de 1942 les événements se précipitent : retour au pouvoir de Pierre Laval, qui impose ses vues au maréchal Pétain, obligation pour les jeunes gens du service du travail obligatoire, débarquement des Alliés en Afrique du Nord (8 novembre) et occupation par les Allemands de la zone sud.

Les mouvements de résistance sont alors nombreux, mais divisés *(Combat, Franc-Tireur, Libération)*. L'ancien préfet Jean Moulin est chargé de les unifier. Il se heurte à de sérieuses difficultés. Les communistes veulent préserver leur liberté d'action et engager immédiatement des opérations très dures contre l'occupant. Les autres groupements se méfient des partis politiques et des aventures prématurées.

Toutefois dans le conflit qui oppose à Alger de Gaulle à Giraud, les partis et les mouvements soutiennent de Gaulle. En mai 1943 l'unité l'emporte. Le Conseil national de la Résistance (C.N.R.) est constitué avec un programme de larges réformes. Les communistes participent au Comité français de Libération nationale.

La S.F.I.O. s'est trouvée elle aussi sérieusement ébranlée depuis les accords de Munich. Elle a perdu son aile gauche révolutionnaire et son aile droite, qui, avec Paul Faure, a accepté la collaboration avec Vichy. En outre, l'opinion est sévère pour le gouvernement du Front populaire que Pétain rend responsable de la défaite et dont la presse fascisante vitupère les soutiens : juifs, francs-maçons, instituteurs.

Les socialistes, dans ces conditions, participent d'abord aux mouvements de résistance sans brandir leur drapeau. Toutefois Daniel Mayer, qui a la confiance de Léon Blum emprisonné, crée en zone sud un Comité d'action socialiste. Texier en fait autant en zone nord. Le procès de Riom (1942), où Blum se défend avec talent, tourne à la confusion de Vichy. La S.F.I.O. peut se reconstituer. Brossolette et Pineau prennent des contacts avec Londres. A. Philip devient ministre de l'Intérieur et Daniel Mayer, secrétaire général du Parti.

Léon Blum, avec fermeté, soutient le général de Gaulle tout en lui écrivant en 1943 : « Un Etat démocratique ne peut pas vivre et ne peut pas même être conçu raisonnablement sans l'existence de partis politiques. »

Les radicaux ont un rôle plus discret. Attachés à la Troisième République dont ils étaient les défenseurs traditionnels, ils ont été frappés par la défaite. Certains ont gagné Londres (Mendès France), d'autres participent à la Résistance (Bastid, Rucart). Herriot et Jeanneney se rallient à de Gaulle en 1943.

La Charte du C.N.R., élaborée en mars 1944, est d'inspiration socialiste. Elle envisage « l'éviction des grandes féodalités économiques et financières de la direction de l'économie » grâce à des nationalisations, un plan d'expansion, des mesures de Sécurité Sociale, une éducation démocratique. « De la Résistance à la Révolution », telle est la devise du mouvement *Combat*.

2. **La Libération.** — Le débarquement allié de mai 1944 marque les débuts d'une période d'enthousiasme et de confusion. Les F.T.P., d'inspiration communiste, contrôlaient une partie de la France,

dans le Centre et le Sud-Ouest. Certains redoutaient la prise du pouvoir par le P.C. Il n'en fut rien. Tout au plus les comités de libération locaux, souvent contrôlés par les communistes, imposèrent-ils une sévère épuration. Partout les commissaires du gouvernement rétablirent la légalité républicaine et le P.C. accepta la dissolution des milices patriotiques (octobre 1944).

Les communistes proposèrent aux socialistes l'unité d'action (décembre 1944), puis à tous les mouvements de résistance une alliance. Mais ils se heurtèrent à un refus. La Résistance avait été surtout un état d'esprit. Dès la Libération les divisions reparaissaient.

Le gouvernement de Gaulle, appliquant le programme du C.N.R., put cependant réaliser de profondes réformes de structure : vote des femmes, nationalisations, Sécurité sociale.

Aux élections législatives de 1945, le P.C. avec 160 sièges et la S.F.I.O. avec 142 détenaient la majorité absolue. Les adhérents n'avaient jamais été si nombreux (800 000 pour le P.C., 350 000 pour la S.F.I.O.).

La S.F.I.O. s'inquiétait de la poussée communiste. Léon Blum, dès son retour de déportation, avait écrit *A l'échelle humaine*, et traité le P.C. de « parti nationaliste étranger ». Blum s'était appliqué à substituer au marxisme un socialisme humaniste, répudiant la notion de lutte des classes et proche du travaillisme britannique. Au Congrès de 1946, Guy Mollet fit condamner cette déviation doctrinale et il devint secrétaire général du parti.

3. Le retour de la droite. — Après le départ du général de Gaulle (20 janvier 1946), les trois grands partis, P.C., S.F.I.O., M.R.P. s'entendent pour maintenir la démocratie. Mais l'accord ne dure pas. La Constitution de 1946 a l'appui de la S.F.I.O., non du P.C.

Aux élections législatives de juin et de novembre (1), le parti socialiste, bien qu'en recul, est l'axe de la majorité. Il obtient la Présidence de la République (Vincent Auriol) et la direction du gouvernement.

Mais les rapports entre la S.F.I.O. et le P.C. se détériorent : la guerre froide qui oppose l'U.R.S.S. à l'Occident, la guerre d'Indochine, les grandes grèves organisées par le P.C. en 1947 poussent M. Ramadier à renvoyer les ministres communistes (5 mai 1947).

Après le coup de Prague (février 1948), la S.F.I.O. rejette le neutralisme et approuve le pacte atlantique (1949). Elle soutient la thèse de l'unité européenne défendue par Robert Schuman. Elle accepte l'idée d'une « troisième force » dirigée contre les communistes et les gaullistes.

Les radicaux profitent de la situation pour refaire surface. Discrédités à la Libération parce qu'ils incarnaient un régime déchu, ils progressent, obtenant la présidence de l'Assemblée nationale (E. Herriot) et dès 1948 la présidence du Conseil (André Marie, Henri Queuille). Le parti retrouve sa vocation : « Son destin, dira M. Edgar Faure, est d'être associé au gouvernement. »

Aux élections de 1951, qui se déroulent selon la loi des apparentements, la poussée à droite est évidente. La querelle scolaire coupe la S.F.I.O. du M.R.P. Les radicaux (E. Faure, R. Mayer) et la droite (Pinay, Laniel) assurent la direction des affaires.

(1) Juin 1946 : 169 M.R.P.; 153 P.C. ; 129 S.F.I.O. Novembre 1946 : 183 P.C. ; 167 M.R.P. ; 105 S.F.I.O.

Tout alors va mal : grèves d'août 1953, élection laborieuse à l'Elysée de M. René Coty, grave question de la Communauté Européenne de Défense (C.E.D.) qui implique le réarmement allemand, enfin en Indochine désastre de Dien-Bien-Phu (7 mai 1954).

La gauche ne se porte pas mieux. Le P.C. est frappé par la mort de Staline, en qui il continue de voir « l'homme de génie qui, de sa science et de sa pensée, a éclairé notre route » (J. Duclos).

La S.F.I.O. est profondément divisée par la querelle de la C.E.D. Guy Mollet, qui a pour lui l'appareil du parti, l'emporte au Congrès de mai 1954 et exige la discipline de vote en faveur du projet, mais en août 1954, lorsque la question est posée à l'Assemblée, le groupe parlementaire se divise (1). On parle de scission.

Les radicaux, quant à eux, ne sont plus guère à gauche. Ils se veulent hommes de gouvernement et de concentration.

4. Le gouvernement impossible. — A) *L'expérience Mendès France.* — Pierre Mendès France, qui a vivement attaqué le gouvernement Laniel, s'impose alors par son expérience et son caractère. Il a été le plus jeune député de France en 1932, le conseiller financier de Léon Blum, un résistant authentique, un ministre courageux du général de Gaulle : il a démissionné en 1945 pour ne pas couvrir l'inflation. On le sait adversaire de la guerre d'Indochine et homme de décision : « Gouverner, dit-il, c'est choisir. »

C'est un radical de gauche, soutenu par des clubs (le club des Jacobins) et par un hebdoma-

(1) 53 pour, 50 contre.

daire, *l'Express* (1953), qui sait frapper l'opinion, et lance P. M. F. comme l'homme d'un « New Deal » français.

Investi en juin 1954, il a son style, qui consiste à fixer des échéances et à les respecter. Il négocie les accords de Genève qui mettent fin au drame indochinois (juillet 1954), il accorde à la Tunisie « la souveraineté interne », il s'efforce de relancer l'expansion.

Mais son attitude heurte les parlementaires et les partis. Les communistes, dont il a récusé les voix, l'abandonnent. Les socialistes le soutiennent fidèlement, mais lui refusent la participation. Les radicaux l'encouragent mais freinent son action.

Les difficultés arrivent assez vite : le gouvernement laisse le Parlement enterrer la C.E.D. mais il accepte un réarmement allemand dans le cadre atlantique. Il prétend, pour lutter contre l'alcoolisme, restreindre le privilège des bouilleurs de cru auquel les paysans sont attachés. Surtout lorsque éclate la rébellion algérienne (novembre 1954), il a beau déclarer : « L'Algérie, c'est la France », on le soupçonne de vouloir l'abandonner. Il doit démissionner en février 1955.

B) *Le Front républicain* (1956). — Après une longue crise, M. Edgar Faure revient au pouvoir. Radical de tendance modérée, doué d'une rare souplesse, il poursuit la politique libérale en Tunisie et au Maroc, en éludant la difficile question algérienne. Et comme l'Assemblée semble ingouvernable, il propose des élections anticipées. Il est battu, mais à une majorité telle qu'il peut constitutionnellement dissoudre la Chambre, fait exceptionnel dans l'histoire républicaine depuis 1877.

A ce moment le parti radical a fait peau neuve,

Au Congrès extraordinaire de mai 1955, P. M. F. conquiert la majorité et Edgar Faure est exclu. Un nouveau radicalisme apparaît, plus jeune, plus urbain, plus jacobin.

La S.F.I.O., coupée du communisme depuis 1947 (« Les communistes ne sont pas à gauche, mais à l'Est », E. Depreux) et du centre depuis 1952 (« Le M.R.P. est un parti qui ne devrait pas exister », Guy Mollet), anime avec les radicaux le Front républicain. L'U.D.S.R. (F. Mitterrand) et les républicains sociaux, gaullistes libéraux (Chaban-Delmas) soutiennent le mouvement.

Les élections de janvier 1956 marquent une poussée à gauche (1). M. Guy Mollet, poussé par son parti qui a préparé un plan de réformes, constitue le gouvernement. Ce sera le plus long de la IVe République (janvier 1956-mai 1957). Le secrétaire général de la S.F.I.O. ne se dissimule pas les difficultés qui l'attendent.

D'abord, M. Mendès France refuse le ministère des Finances et n'accepte de figurer qu'au titre de ministre d'Etat. Ensuite la question algérienne se pose brutalement. M. Guy Mollet a nommé résident général, à la place de M. Soustelle jugé trop favorable aux Français d'Algérie, le général Catroux. Mais lorsqu'il se rend à Alger le 6 février 1956, le président du Conseil est très mal accueilli. Il choisit alors M. Robert Lacoste, qui va mener contre le F.L.N. une politique rigoureuse de répression.

A la demande d'indépendance algérienne, le gouvernement oppose la formule : cessez-le-feu, élections, négociations. Ce triptyque est une impasse. Malgré les négociations clandestines avec le F.L.N., la guerre s'intensifie.

(1) 150 P.C. ; 96 S.F.I.O. ; 77 U.D.S.R. et Radicaux F.R.

Les déceptions sont vives à gauche. Mendès France démissionne en mai 1956 pour protester contre la répression. En octobre, l'avion transportant le chef des rebelles, Ben Bella, est intercepté et Guy Mollet couvre l'opération. Un autre ministre, Alain Savary, démissionne. Au sein du gouvernement il y a des résistances (Mitterrand, Gazier, Defferre).

La vie du parti témoigne de son désarroi. Le Congrès de Lille met en cause l'action de Lacoste et réclame la lutte sur deux fronts, contre les rebelles et contre les ultras. Mais aussitôt après s'engage la bataille d'Alger avec les paras du général Massu et il apparaît qu'on réplique au terrorisme par des tortures. Un hebdomadaire, *l'Observateur*, très lu à gauche, exprime son indignation. A. Philip, dans *le Socialisme trahi*, constate : « La droite se tait parce que ses idées sont au pouvoir, la gauche se tait parce que ses hommes y sont. »

L'expédition de Suez (octobre 1956) contre l'Egypte de Nasser se solde par un échec.

Le gouvernement Guy Mollet inscrit cependant à son actif la loi Defferre sur la décolonisation de l'Afrique noire, la relance européenne par le traité de Rome (mars 1957) et d'importantes réformes sociales : la troisième semaine de congés payés, le Fonds national de Solidarité en faveur des personnes âgées, la réforme de la Sécurité sociale. Mais il ne suffit pas de vitupérer « la droite la plus bête du monde » (G. Mollet) pour faire une politique de gauche.

C) *La fin d'un régime (1957-1958).* — La gauche de 1957 n'est pas suffisamment unie pour défendre une République que la nation ne soutient pas.

Le parti communiste traverse une crise grave :

de 800 000 adhérents en 1950 il tombe à 300 000 en 1958. Cela est dû à la grave maladie de M. Thorez, aux exclusions (Marty, Tillon, Lecœur), au dogmatisme notamment sur la paupérisation absolue de la classe ouvrière, à la solidarité avec les rebelles algériens que l'opinion n'admet pas.

1956 surtout a été une année difficile : la dénonciation des « crimes » de Staline au XXe Congrès du P.C. soviétique a embarrassé les communistes français, qui avaient, plus que d'autres, versé dans le « culte de la personnalité ». La répression du soulèvement de Budapest (octobre 1956) par les chars soviétiques a suscité une vive émotion. De nombreux militants quittent le parti.

Le parti radical, rénové un moment par le mendésisme, se tourne à nouveau vers le centre.

Tout dépend alors de la S.F.I.O. et de M. Guy Mollet. Celui-ci, sincère, soucieux de concilier marxisme et liberté, a plus de courage que de lucidité. Il tient son parti bien en main et impose la participation aux gouvernements Bourgès-Maunoury et Gaillard. Au Congrès de Toulouse (1957) il défend la personnalité algérienne, refusant tout à la fois l'intégration et l'abandon, mais il hésite à désavouer Lacoste et la politique de « pacification ».

Après les incidents du 13 mai 1958, il accepte de participer au gouvernement Pflimlin, débordé par les événements. Lorsque le général de Gaulle se déclare « prêt à assumer les pouvoirs de la République », il écrit à de Gaulle, puis il le rencontre à Colombey. Il s'agit d'éviter à tout prix la guerre civile.

Le 1er juin, le général est investi par l'Assemblée nationale. Les socialistes, devant la pression d'Alger, se divisent une fois encore (1). En fait,

(1) 42 pour ; 49 contre.

la IVe République est abattue, et avec elle la gauche qui est rendue responsable de la faillite du « système ».

III. — La gauche sous de Gaulle

Le retour au pouvoir du général de Gaulle marque pour la gauche divisée le début d'une période difficile.

1. **L'effacement.** — Le général de Gaulle constitue un gouvernement de large union. La gauche y participe, mais de Gaulle n'a pas caché son intention de changer les institutions, selon les principes du discours de Bayeux (1946). La constitution qu'il soumet au référendum populaire accroît considérablement les pouvoirs du Président de la République.

Les socialistes, et leur chef M. Guy Mollet, qui ont joué un rôle essentiel dans le régime précédent, sont désorientés. Après avoir vu dans le gaullisme un « défi à la légalité républicaine », ils veulent se situer « à l'avant-garde de la Ve République ». Les majoritaires (Mollet, Defferre) recommandent d'accepter la Constitution. Les minoritaires (Depreux, Verdier) forment l'Union des Forces démocratiques, puis le Parti socialiste autonome, qui deviendra en avril 1960 le Parti socialiste unifié (P.S.U.). Malgré ses débuts difficiles et ses heurts de tendances, le P.S.U. exprime un courant socialiste qui ne cessera de s'écarter de la S.F.I.O.

Le référendum constitutionnel du 28 septembre 1958 porte un coup très rude aux opposants au nouveau régime et surtout au P.C. Les élections législatives, au scrutin uninominal à deux tours, traduisent le recul de la gauche (1).

(1) P.C. : 10 élus ; S.F.I.O. : 44 ; Radicaux : 23. (L'U.N.R. en a 206 !)

L'élection présidentielle est sans histoire : 78 % des voix au général de Gaulle. Mais les socialistes ne tardent pas à prendre du recul. La politique financière d'austérité leur apparaît comme « un défi au bon sens et à la justice ». Ils quittent le gouvernement (1).

Le Sénat, élu en avril 1959 par les notables moins sensibles aux mouvements de l'opinion, garde une importante représentation de gauche. Il a pour président le radical Monnerville. Ainsi la gauche, longtemps hostile au Sénat, se trouve-t-elle amenée à le défendre résolument contre le régime gaulliste.

L'important est alors le règlement de la question algérienne et, pour y parvenir, de Gaulle ménage la gauche. Après les barricades d'Alger (janvier 1960), le gouvernement obtient les pleins pouvoirs et négocie avec le F.L.N. Il fait approuver, par référendum, l'autodétermination, le 8 janvier 1961 (75 % de oui). Devant la réaction de l'O.A.S. et le putsch d'Alger (avril 1961), de Gaulle fait appel à tous les Français. Les accords d'Evian sur l'indépendance algérienne sont soumis au référendum du 8 avril 1962 : 90 % de oui, toute la gauche à l'exception du P.S U.

Au début de 1962, de Gaulle a réussi à rassembler toute la droite, sauf les extrémistes de l'O.A.S., et il a un large appui de la gauche. Jamais l'équivoque du régime n'a davantage troublé une opinion aveugle et inquiète.

Les partis de gauche en sont réduits à survivre. Le P.C., troublé par la déstalinisation, est affaibli par des épurations successives, le malaise des intellectuels, la mort de M. Thorez en 1961. Le conflit

(1) Sauf M. Boulloche, qui démissionnera l'année suivantelors du vote de la loi Debré sur l'aide aux écoles privées.

entre l'U.R.S.S. et la Chine suscite la révolte de l'aile gauche, adepte du maoïsme.

La S.F.I.O., qui a cru d'abord à l' « opposition constructive », reste fidèle à Guy Mollet, qui incarne une certaine idée du parti. La faiblesse et l'irréalisme du P.S.U. et des groupes de l'extrême-gauche servent en fait « la vieille maison », qui a gardé la plupart de ses militants et de nombreux élus locaux.

Les radicaux, que Mendès France a quittés, se tournent vers le centre avec Félix Gaillard et Maurice Faure.

Devant le déclin des partis la vie politique de la gauche se retrouve dans les syndicats, les associations, les clubs. Le club Jean-Moulin, formé en 1958 de cadres et d'intellectuels, et d'autres groupes : Citoyens 60, Cercle Tocqueville, Démocratie nouvelle suivent les traces du club des Jacobins. Mendès France, dans *la République moderne* (1962), définit les bases d'un programme de la gauche.

De Gaulle désarme alors l'opposition de gauche par « les aspects positifs » de sa politique : la paix en Algérie, la décolonisation de l'Afrique noire, la réconciliation franco-allemande, la méfiance à l'égard de l'impérialisme américain, l'ouverture délibérée vers les pays de l'Est, le Tiers Monde et la Chine.

Certes, il y a pour la gauche des motifs de mécontentement : l'accentuation du pouvoir personnel (1), l'orthodoxie financière qui sacrifie les investissements, l'aide à l'enseignement privé, les tribunaux spéciaux et les polices parallèles, la force de frappe nationale. Et de Gaulle va bientôt en ajouter d'autres.

(1) *Le Canard enchaîné*, hebdomadaire satirique de la gauche, publie alors sa fameuse chronique : *le Roi*, puis *la Cour* où de Gaulle est dépeint comme un nouveau Louis XIV.

2. **Le réveil.** — L'année 1962 marque en effet un tournant du régime. De Gaulle renvoie M. Debré et prend, à dessein, pour Premier Ministre un non-parlementaire, M. Georges Pompidou. Il accentue sa politique nationale en condamnant brutalement l'Europe intégrée. Surtout il décide de soumettre au référendum l'élection du Président de la République au suffrage universel.

La procédure insolite de révision de la constitution soulève les critiques des juristes et l'indignation des parlementaires. La gauche participe au « cartel des Non ». L'Assemblée vote une motion de censure contre le gouvernement : elle est dissoute.

De Gaulle compte bien régler son compte au « régime désastreux des partis ». Le référendum du 28 octobre donne 62 % de oui. Le non ne l'emporte que dans 14 départements du Midi traditionnellement fidèles à la gauche. Les élections législatives des 18 et 25 novembre soulignent le recul de la gauche. Malgré un accord électoral, le premier depuis 1936 entre socialistes et communistes, le P.C. n'a que 41 sièges et la S.F.I.O. 66 (l'U.N.R.-U.D.T. (1) en a 233 !).

Les succès politiques du gaullisme, dus à l'intervention personnelle de son chef dans la lutte électorale, le poussent à promettre pour 1963 « une année sociale ». Or le souci de l'équilibre financier et le ralentissement de l'expansion suscitent le mécontentement des « forces vives », et notamment des syndicats : agitation agricole avec les jeunes du C.N.J.A., grève des mineurs, revendications du secteur public et nationalisé, action de la C.G.T., de F.O., de la C.F.T.C., qui va devenir en 1964

(1) L'Union démocratique du travail rassemble les gaullistes dits de gauche : Louis Vallon, René Capitant, Léo Hamon. Ce courant est très minoritaire au sein du gaullisme.

la C.F.D.T. Le plan de stabilisation de 1963 sacrifie délibérément l'économie à la monnaie.

La gauche, qui souhaite une autre politique, doit envisager l'élection présidentielle de 1965 et les regroupements nécessaires.

A l'été 1963, l'hebdomadaire *l'Express* imagine le portrait-robot en quelque sorte d'un adversaire possible du général : un homme politique connu, mais pas trop marqué par 1958 (ce qui exclut Guy Mollet), un libéral ayant admis la décolonisation, un administrateur, une personnalité susceptible de créer un courant de sympathie. Bientôt on connaît M. X... : Gaston Defferre, maire de Marseille.

La tâche n'est pas facile pour lui. Il doit tenir compte des adversaires de la Constitution (Mendès France), des communiste hostiles à toute résurrection de la troisième force, des centristes préoccupés par les réactions de leur électorat modéré. Et d'abord, il lui faut obtenir l'appui de la S.F.I.O., malgré l'hostilité déclarée de Guy Mollet, homme de parti qui n'apprécie guère le rôle des clubs dans les comités « Horizon 80 ».

M. Defferre gagne peu à peu à sa cause la S.F.I.O., les radicaux, le M.R.P., les clubs, de nombreux syndicalistes. La grande Fédération va-t-elle voir le jour ? Non, le 18 juin 1965, elle échoue par la faute du M.R.P. qui refuse toute référence à l'idée « socialiste ». C'est pour la gauche une amère déception.

A l'automne, une nouvelle candidature est annoncée : celle de François Mitterrand, député U.D.S.R. et ministre sous la IVe République, hostile à la Constitution de 1958, favorable à l'entreprise Defferre qu'il jugeait pourtant trop centriste, souhaitant une large union de la gauche. « Contre le régime du pouvoir personnel, dit-il, il faut recréer la république des citoyens. »

F. Mitterrand, que le P.C. a décidé de soutenir, devient le candidat unique de la gauche. Dans ses allocutions télévisées, il se montre éloquent et persuasif : « Croire en la justice, dit-il, et croire au bonheur, c'est cela le message de la gauche. » Par ailleurs, il publie un pamphlet sévère contre le régime : *le coup d'Etat permanent*. Dans tout le pays il peut compter sur l'appui de la Fédération de la Gauche démocrate et socialiste (F.G.D.S.) constituée le 10 septembre par la S.F.I.O., les radicaux et les clubs et sur le concours dévoué des militants du P.C.

L'élection présidentielle passionne et surprend le pays. Au soir du 5 décembre, de Gaulle est en ballottage. Il a obtenu 44 % des voix, mais F. Mitterrand, dépassant les prévisions des sondages, en a 32 %. Au second tour (19 décembre), de Gaulle l'emporte avec 55 %, mais Mitterrand, qui a obtenu environ un tiers des voix centristes, en a 45 %. La gauche est plus forte au sud de la Loire qu'au nord, donc dans les régions en difficulté. M. Jacques Fauvet (1) évoque « le troisième tour » décisif qui sera constitué par les élections de 1967.

3. **La flambée.** — La gauche a repris confiance. La campagne de F. Mitterrand lui a permis de se reconnaître et de se redéfinir. Malgré les divisions qui persistent entre les partis et entre les syndicats, un programme s'élabore dont les principaux thèmes sont la défense des libertés publiques, la lutte contre les puissances d'argent, une société plus humaine.

L'accord électoral avec le P.C. assure des gains importants à la gauche (70 sièges) aux élections législatives des 5 et 12 mars 1967 (2). Mais bientôt c'est l'enlisement. La F.G.D.S., déchirée par les rivalités de tendances et de personnes, perd son temps à pondérer les représentations entre les partis. La négociation avec le P.C. aboutit à un constat d'accord sur de nombreux points, mais de désaccord sérieux sur la conception de la démocratie et la construction européenne (24 février 1968).

Le général de Gaulle salue 1968 « avec sérénité ». Il lance le mot magique de « participation » et se complaît dans l'autosatisfaction. A peine remarque-t-on l'agitation des étudiants de Nanterre (mouvement du 22 mars) et les signes de malaise ouvrier.

Les événements de mai sont une surprise pour tout le monde. La jeunesse qui s'ennuie se révolte.

(1) Journaliste puis directeur du quotidien *le Monde* très lu à gauche, comme *le Figaro* l'est à droite.
(2) P.C. 23 % des voix, 73 élus ; F.G.D.S. 20 % des voix, 116 élus.

L'émeute se déchaîne au Quartier Latin, elle s'aggrave avec la folle nuit des barricades (10 mai). Le monde ouvrier suit, et c'est la grève générale du 13 mai. L'appel au calme de M. Pompidou reste sans écho. Les occupations d'usines gagnent toute la France : il y aura 9 millions de grévistes. La contestation s'empare de tous les milieux.

Le mouvement, que la fronde étudiante a déclenché, frappe par son ampleur, sa violence, sa force contagieuse. Il révèle que l'anarchisme et ses vertiges sont capables de renaître lorsque les circonstances s'y prêtent : pouvoir ébranlé, société contraignante et « bloquée », crise de la culture, déclin des valeurs fondamentales, bref « crise de civilisation ». Derrière les drapeaux noir et rouge se groupent des masses avides de liberté et de changement. (« Dix ans, c'est assez ! ») C'est une ivresse de mots, un psychodrame collectif où les idées de Marx, Freud, Marcuse, mal digérées, ont moins d'importance que l'illusion lyrique. Pendant quinze jours on évoque juin 36 et le « tout est possible » de Marceau-Pivert.

Mais le « gauchisme » manque de lucidité. Le P.C. et la C.G.T., hostiles à « l'aventurisme », tentent de limiter les revendications ouvrières au respect du droit syndical et à une majoration des salaires : ce sont les accords de Grenelle (26 mai). Le mouvement étudiant, que soutiennent l'U.N.E.F. et le P.S.U., perd de son impact dans l'opinion comme en témoigne le meeting du stade Charléty où Mendès France se compromet inutilement. On a pris la parole, on n'a pas pris le pouvoir.

La F.G.D.S. sort de sa réserve au moment même où les ardeurs de mai s'éteignent. Le général de Gaulle, dont le pouvoir paraît chancelant, a annoncé le 24 mai un référendum pour le 16 juin sur la participation, en fait sur son maintien ou son départ. Le 28 mai, F. Mitterrand constate : « Depuis le 3 mai 1968, il n'y a plus d'Etat. » Il croit bien faire en posant sa candidature à la Présidence de la République, ce qui semble prématuré, et il propose un gouvernement provisoire Mendès France, ce qui n'est guère constitutionnel. Le 30 mai, de Gaulle, après avoir songé à démissionner, retourne la situation. L'Assemblée est dissoute.

Des violences ont encore lieu en juin à Flins, à Sochaux, au Quartier Latin. Mais le travail reprend. Le pays est las des désordres. Les élections des 23 et 30 juin consacrent la défaite de la gauche (1), victime de ses divisions, de ses imprudences, de la peur de la nation devant les désordres.

Moins d'un an plus tard, le référendum du 27 avril 1969 sur la régionalisation et la réforme du Sénat contraint de Gaulle à la retraite. La gauche a contribué à ce départ, mais tout autant la droite conservatrice, inquiète des projets de participation.

IV. — L'unité entrevue

L'après-gaullisme trouve la gauche en plein désarroi. Les progrès de 1965 et 1967 n'avaient été possibles qu'en raison de la lassitude d'une large partie de l'opinion à l'égard d'un certain style de gouvernement personnel. Mais il y a eu 1968 et le retrait du général de Gaulle fait le jeu de la droite libérale.

L'élection présidentielle (1er-15 juin 1969) s'engage pour la gauche dans la confusion. Les quatre candidats qui se réclament d'elle n'obtiennent que

(1) P.C. 20 % des voix, 34 élus ; F.G.D.S. 16,5 % et 57 élus. L'U.D.R. à elle seule a la majorité absolue.

31,3 % des voix. C'est le creux de la vague (1).

En face d'un gouvernement qui pratique l'ouverture et annonce la « nouvelle société » (Chaban-Delmas), la gauche doit faire un effort de doctrine et montrer au pays qu'elle représente une alternative de gouvernement. Mais, pour cela, il faut qu'elle définisse ses options, ses méthodes, ses alliances et qu'elle apparaisse « crédible » pour cette majorité silencieuse, non engagée politiquement qui, dans notre pays, assure le succès d'une tendance ou d'une autre.

1. **L'heure des choix.** — Pendant trois années, la gauche progresse, mais très lentement, dans la voie de l'Unité.

La gauche de la Liberté, consciente d'avoir été longtemps en retard sur l'événement, affronte enfin les problèmes de la société contemporaine.

Le Parti Radical doit trouver une raison d'être, choisir « entre le cassoulet et l'ordinateur ». Héritier d'une tradition républicaine et rurale, fort de l'appui des notables du Sud-Ouest, rebelle aux innovations économiques mais attaché à l'union de la gauche, il a joué un rôle discret dans la F.G.D.S. tout en se rapprochant des socialistes (Maurice Faure).

C'est alors que J.-J. Servan-Schreiber, directeur de *L'Express*, auteur du manifeste *Entre ciel et terre* (1970), élu député de Nancy, secrétaire, puis président du Parti, propose un néo-radicalisme favorable au libre-échange, mais audacieux sur le développement des équipements publics, le pouvoir régional, les transferts sociaux.

Très hostile aux nationalisations, J.-J. S.-S. se

(1) Duclos (P.C.) : 21,5 % ; Defferre (U.G.S.D.) : 5 % ; Rocard (P.S.U.) : 3,6 % ; Krivine (Ligue communiste) : 1 %. Au second tour, le P.C. en choisissant l'abstention (« bonnet blanc, blanc bonnet ») assure l'élection de G. Pompidou contre le centriste A. Poher que soutenaient de nombreux socialistes.

détache de la gauche pour former, avec le Centre Démocrate de M. Lecanuet, le Mouvement Réformateur (1971). Il ne peut entraîner dans cette voie les radicaux de gauche (Robert Fabre). C'est la scission du radicalisme.

Le Parti Socialiste se transforme profondément et c'est un fait politique déterminant. Après la disparition de la S.F.I.O. et l'adhésion d'éléments nouveaux, souvent plus jeunes, le Congrès d'Issy-les-Moulineaux (juillet 1969) a répudié toute stratégie de troisième force et proclamé : « L'union de la gauche constitue donc l'axe normal de la stratégie socialiste. »

Le premier Secrétaire du Parti, Alain Savary, qui a l'appui de Guy Mollet, envisage un dialogue idéologique sans complaisance avec le P.C. sur les problèmes de fond : les libertés publiques, la démocratie économique, la construction européenne.

A la fin de 1970, de sérieuses divergences subsistent. Aussi, les socialistes hésitent-ils encore à rompre avec « les républicains de progrès » ou centristes d'opposition avec lesquels, après les élections municipales de mars 1971, ils continuent à gérer de nombreuses mairies.

Mais un nouvel élan est donné lorsque la Convention des Institutions Républicaines, formée autour de F. Mitterrand par les adhérents des clubs et qui participa activement à la F.G.D.S., décide de rejoindre le Parti Socialiste. C'est chose faite au Congrès d'Epinay (juin 1971) où, après des débats passionnés, François Mitterrand devient premier secrétaire du Parti. Il doit son succès à sa forte personnalité, à l'appui des adversaires de l'équipe Savary-Mollet et au soutien de la gauche du parti (1).

(1) F. Mitterrand a bénéficié du ralliement de deux puissantes fédérations : les Bouches-du-Rhône avec G. Defferre, adversaire de

Le P.S.U. n'a pas progressé, mais il s'est maintenu. Il a été le plus nettement engagé dans les luttes de 1968. Il en a subi l'échec et tiré les leçons. Ses animateurs, et longtemps Michel Rocard, virent dans le P.S.U. un lieu de rencontre et un foyer d'idées autour du socialisme autogestionnaire. Le P.S.U. est présent au cœur des luttes dans les entreprises (l'affaire Lip, en 1973) et les universités. Il garde des liens avec les mouvements gauchistes et dénonce toutes les formes de répression.

La gauche de l'Autorité, c'est le Parti Communiste et lui aussi doit choisir. Certes, ce n'est pas un parti comme les autres en raison de ses effectifs, de ses moyens, de sa discipline rigoureuse (1). Mais aucune politique de gauche n'est possible sans lui, car il joue le jeu de la légalité républicaine et dispose d'une large audience électorale.

En fait, depuis 1947, le P.C., force d'opposition permanente, mais isolée, a hésité devant une révision déchirante de sa stratégie, de ses méthodes, de son langage, qui le rapprocherait des socialistes et le ferait participer pleinement à une gauche réunie.

C'est en 1968, avec Waldeck Rochet, puis avec Georges Marchais, que le P.C. s'engage résolument dans une voie française de passage au socialisme : la *démocratie avancée*.

Le P.C. admet le pluralisme des partis, l'indépendance syndicale, les libertés publiques, la construc-

longue date de Guy Mollet, et le Nord avec P. Mauroy. La gauche du parti, groupée autour du C.E.R.E.S. (Centre d'Etudes et de Recherches Socialistes) animé par d'anciens élèves des grandes écoles (J.-P. Chevènement), a joué un rôle non négligeable d'approfondissement doctrinal et de rapprochement avec les militants du P.C. et du P.S.U.

(1) 470 000 adhérents groupés en 20 000 cellules. *L'Humanité* est le seul quotidien d'opinion. L'influence du P.C. est forte dans le monde ouvrier (la C.G.T.) et de nombreuses organisations de femmes, de jeunes, d'intellectuels. L'audience électorale a varié de 28,6 % (1946) à 18,9 % (1958).

tion européenne. Cela ne suffit pas à rassurer ses alliés éventuels qui continuent à lui reprocher son alignement sur l'U.R.S.S. (la « normalisation » en Tchécoslovaquie), son absence de démocratie interne (exclusion de R. Garaudy) et son intransigeance dans les très dures négociations avec le P.S. en 1971.

La gauche de la Révolte, enfin, après avoir vécu les heures enthousiastes de 1968, se retrouve éparpillée en de multiples organisations qui se réfèrent en gros à trois tendances : les anarchistes, les maoïstes et surtout les trotskystes. La répression a frappé les militants et leurs organisations (la Ligue Communiste). Le gauchisme garde pourtant une certaine influence parmi les jeunes travailleurs (Lutte Ouvrière), les étudiants, les oubliés de la société de consommation. Il attire l'attention sur la condition des femmes (la libéralisation de l'avortement), des jeunes, des O.S., des immigrés, des soldats, des détenus.

Il suscite ainsi des réformes. Mais l'appel à la dynamique des masses se heurte au conformisme et à la peur du désordre. Le gauchisme rêve la révolution, il en parle, il ne la fait pas.

2. **Le programme commun.** — 1972 : c'est pour une majorité affaiblie par l'usure du pouvoir et l'éclat des scandales, les premiers signes d'inquiétude. C'est pour la gauche, après de longs débats, la signature du programme commun de gouvernement (1)

(1) Le programme commun d'action traite successivement des conditions de vie *(Vivre mieux, changer la vie)*, de la démocratisation de l'économie, des institutions, de la politique internationale. Les communistes insistaient sur les avantages quantitatifs, l'indexation des salaires, les nationalisations, l'indépendance nationale. Les socialistes soulignaient l'aspect qualitatif, le droit au bonheur (« la rose au poing »), l'autogestion, les libertés publiques. L'accord fut réalisé sur les transferts sociaux, les nationalisations (treize grandes entreprises et les organismes de crédit), l'alternance démocratique au pouvoir, l'Europe des travailleurs.

(27 juin) entre le P.S. et le P.C., auquel les radicaux de gauche se rallient. Certes, ce programme est limité dans le temps (cinq ans) ; il résulte d'un compromis et ne dissipe pas d'un coup les divergences ni les méfiances, mais c'est un accord sérieux qui engage plus que celui de 1935 et qui suscite un réel enthousiasme (la grande manifestation du 1er décembre au Palais des Sports traduit l'aspiration de la gauche à l'unité, ce que confirment les sondages d'opinion).

Les élections législatives des 14 et 21 mars 1973 permettent à la gauche de retrouver ses voix de 1967 (46,5 % contre 45 %), mais non ses sièges : 179 (1) contre 199. Le P.C. reste la force dominante (21,3 %), mais il marque le pas. La gauche non communiste (U.G.S.D. : 19,1 %) progresse dans l'Ouest, l'Est, la région parisienne ; elle recule dans le Nord et le Centre. Une partie de l'ancien électorat S.F.I.O., hostile à l'alliance avec le P.C., a glissé au centre et à droite. La majorité, pourtant très affaiblie, a pu ainsi garder le pouvoir.

L'élection présidentielle de 1974 (5-19 mai), provoquée par le décès de G. Pompidou, sanctionne la bipolarisation de la vie politique. La Gauche a un candidat, non seulement unique comme en 1965, mais commun : F. Mitterrand. Elle a l'appui du P.C., du P.S., des radicaux, mais aussi du P.S.U. et, fait nouveau, des syndicats : C.G.T., C.F.D.T., F.E.N., ralliés autour de thèmes simples : des hommes plus libres, une société plus juste, une monnaie plus forte, un peuple plus fraternel, une France plus présente.

Après une campagne exemplaire, F. Mitterrand obtient au premier tour 43,2 %. Il est battu de peu

(1) P.C. : 73 ; P.S.U. : 3 ; U.G.S.D. : 88 ; radicaux : 12 ; divers gauche : 3.

au deuxième tour, avec 49,2 %, par Valéry Giscard d'Estaing, fédérateur des droites et du centre.

La gauche a réalisé son meilleur score depuis la Libération, elle l'emporte dans 44 départements (1), elle reprend les positions géographiques que le gaullisme lui avait enlevées, elle accentue son audience auprès des forces vives, lasses du conservatisme : les travailleurs, les citadins, les jeunes.

Mais cela n'a pas suffi. La peur de l'aventure a favorisé le candidat de droite qui offrait « le changement sans risque ». Le programme commun a effrayé une partie de l'électorat de gauche et contribué à la défaite.

3. **Le maintien des divisions.** — Le Parti socialiste sort grandi de l'épreuve, d'autant qu'il se renforce en octobre 1974 par l'adhésion aux Assises du Socialisme d'une forte partie du P.S.U. avec Michel Rocard.

Mais le P.S. est divisé en tendances. Il y a celle de F. Mitterrand, le premier secrétaire, fidèle à la stratégie d'union de la gauche, celle de P. Mauroy, héritée de l'ancienne S.F.I.O. et méfiante à l'égard des communistes, celle de M. Rocard, novatrice et autogestionnaire, celle du C.E.R.E.S. de J.-P. Chevènement, favorable au front de classe et à l'entente étroite avec le P.C.

Au Congrès de Pau (1975), où Mitterrand rejette le C.E.R.E.S. dans la minorité, la division entre marxistes et non-marxistes, les deux cultures, dit-on, apparaît des plus tranchées.

(1) F. Mitterrand a la majorité absolue dans 44 départements, contre 26 en 1965. Il a plus de 60 % dans 5 départements : Ariège, Aude, Nièvre, Haute-Vienne et Seine-Saint-Denis. La gauche confirme ses positions traditionnelles : le Nord, la région parisienne, le Centre, le Sud-Ouest et le Sud-Est.

Le Parti Communiste, de son côté, a poursuivi son évolution en faveur de « l'union du peuple de France » et d'un eurocommunisme analogue à celui du P.C. italien. Malgré les réticences des anciens militants marqués par le stalinisme, Georges Marchais a voulu un parti plus ouvert et publié *le Défi démocratique*.

Le Congrès de Saint-Ouen (1976) a affirmé l'indépendance à l'égard de Moscou, l'attachement aux libertés, l'abandon du dogme de la dictature du prolétariat.

Cette orientation est critiquée par les mouvements gauchistes, la *Ligue communiste révolutionnaire* d'Alain Krivine, *Lutte ouvrière* d'Arlette Laguillier, mais l'extrême-gauche est divisée et peu influente.

L'accord P.C.-P.S. réalisé sur le plan électoral lors des cantonales de 1976 et des municipales de 1977 vaut à la gauche des succès qui laissent de sérieux espoirs pour les législatives de 1978, à la condition toutefois que la gauche demeure unie.

Or, le Parti communiste n'admet pas volontiers le rôle de leader de F. Mitterrand, ni le « rééquilibrage interne » de la gauche qui se fait, de toute évidence, au profit du seul P.S. Le 30 mars 1977, G. Marchais propose aux socialistes et aux radicaux unè rencontre pour « actualiser » le programme commun et envisager une extension des nationalisations à la sidérurgie, à l'automobile, au pétrole.

La rencontre du 17 mai n'aboutit pas. F. Mitterrand, tirant la leçon de la courte défaite de 1974, ne tient pas à accroître démesurément le poids du secteur public. Il accepte une mise à jour, non une refonte du programme commun. Au Congrès de Nantes, il obtient contre le C.E.R.E.S. une entière liberté d'action à l'égard du P.C.

Les négociations, au cours de l'été, ne peuvent

que souligner des « divergences fondamentales ». Le 22 septembre, c'est la rupture. Dès lors le P.C. accuse ses partenaires d'avoir « viré à droite » et il refuse tout accord de désistement avant le premier tour.

Les élections législatives (12-19 mars 1978) consacrent l'échec de la gauche, affaiblie par ses divisions (1). Mais pour la première fois, le P.S. (22,58 %) l'emporte en voix sur le P.C. (20,55 %).

4. L'accès au pouvoir. — La gauche, en dépit de ses déchirements, allait profiter peu à peu de l'usure du pouvoir qui frappait M. Giscard d'Estaing, des difficultés du gouvernement Barre confronté à la crise, des rancœurs de J. Chirac et de son groupe, le R.P.R.

G. Marchais ouvrit la campagne présidentielle en se portant candidat dès octobre 1980. Il dirigea l'essentiel de ses attaques contre les socialistes, ce qui lui valut au sein du P.C. l'opposition d'éléments contestataires, partisans de « l'union dans les luttes ». Le temps de l'unité semblait bien loin.

F. Mitterrand se refusa à toute polémique. Il assura d'abord son autorité au sein du P.S. au Congrès de Metz (1979), où il rejeta dans l'opposition Mauroy et Rocard, en se rapprochant du C.E.R.E.S. Il était décidé à rester fidèle à l'alliance avec le P.C. en dépit des orages.

Il se déclara candidat en novembre 1980, ce qui écartait M. Rocard. L'unité du parti fut totale autour des 110 propositions du candidat qui aborda la campagne avec détermination et sous le signe de la force tranquille.

(1) La majorité l'emporte une fois de plus avec 291 sièges contre 200 à la gauche : P.C., 86 ; P.S., 104 ; Rad., 10.

L'élection présidentielle de 1981 se présente bien pour la gauche parce que M. Giscard d'Estaing propose un bilan décevant et qu'il n'est pas ménagé par son ancien allié, Jacques Chirac. Au premier tour (26 avril), F. Mitterrand est distancé de peu par le Président sortant (25,84 % contre 28,31 %). Mais le P.C., après son recul historique (15,34 %), ne peut que revenir à la stratégie de l'union.

Le 10 mai, Mitterrand l'emporte nettement (51,75 % contre 48,24 %). L'alternance au pouvoir joue pour la première fois, et le « peuple de gauche » salue avec enthousiasme cette victoire longtemps attendue.

Le nouveau Président, après avoir nommé Pierre Mauroy Premier Ministre, décide, comme il l'avait annoncé, la dissolution de l'Assemblée nationale.

Les élections législatives confirment en juin l'élection présidentielle. Le groupe P.S.-M.R.G. a, au premier tour, 37,51 % des voix alors que le P.C. tombe à 16,17 %, son plus mauvais score depuis 1945. Au second tour, le P.S. progresse dans tout le pays, obtenant la majorité absolue des sièges (P.S.-M.R.G., 283 ; P.C., 44 ; R.P.R., 83 ; U.D.F., 61).

La gauche, après vingt-trois ans d'opposition, affronte la dure réalité du pouvoir dans une période difficile de crise économique, peu propice à la réalisation des grandes espérances populaires.

CONCLUSION

Au terme de cette longue histoire, il est possible de dégager quelques constatations.

1. La gauche est un *refus* de l'ordre existant qu'elle considère toujours comme « un désordre établi » (Mounier). Elle se dresse contre l'oppression, l'injustice, la résignation. Elle envisage l'homme dans sa condition concrète à travers les aliénations qui pèsent sur lui et qui, matérielles ou morales, portent atteinte à sa dignité.

Par là elle se méfie du pouvoir, ayant moins besoin de surhommes que d'hommes sûrs. Elle dresse le citoyen contre les pouvoirs et vit de la contestation. « C'est l'anarchie, cet extrême de gauche qui fait vivre toute la gauche » (Alain). Elle est le parti du mouvement par la révolution, par la réforme, par l'éducation. Elle doit être insatisfaite. « Une gauche léthargique est en soi un non-sens » (F. Mitterrand).

2. La gauche est une *espérance*. L'homme pour elle n'est enfermé ni dans une nature, ni dans une société, ni dans un destin fatal. L'homme est l'avenir de l'homme. Elle croit à la raison. « La droite vit d'imposer, la gauche vit de convaincre » (Alain). Elle appelle une société meilleure et cette foi laïque ne s'oppose pas à l'autre, comme on l'a pensé longtemps. « Celui qui croyait en Dieu, celui qui n'y croyait pas », tous deux ont pu lutter ensemble pour « des lendemains qui chantent ». Une gauche sans morale trahit l'espérance des

malheureux qui sont « les puissances de la terre » (Saint-Just).

Trois idées de base : l'universalité, car tous les hommes ont droit à la vie et à la dignité ; l'égalité, car il n'y a pas de société stable là où le fort écrase le faible ; la justice « spontanément éprouvée et réciproquement garantie » (Proudhon).

3. La gauche est un *déchirement.* On a constaté depuis 1789 une poussée continue vers la gauche. Il est maintenant de bon ton d'être à gauche ou de s'avouer comme tel, dans la classe politique comme dans la jeunesse dorée. Mais la gauche aboutit à l'opportunisme qui est facilité et conformisme ou au gauchisme, maladie infantile, qui est refus des faits, verbalisme, impuissance.

La gauche au pouvoir choisit l'ordre et passe à droite. « Un républicain de gauche, disait-on vers 1910, est un homme du centre que le malheur des temps oblige à siéger à droite. » La gauche de la révolte opte pour la violence, le mépris de l'histoire, l'irresponsabilité et elle gaspille des forces généreuses dans un combat sans issue.

Il est vrai que la démocratie n'est pas facile. Elle hésite entre le régime représentatif, où le peuple s'efface après l'élection, et la dynamique de masse qui porte aux impulsions chaotiques. Elle ne refuse pas la violence, « accoucheuse de toute nouvelle société en travail » (Marx), mais elle aspire à l'ordre, au despotisme de la liberté, à la dictature du prolétariat. Elle aboutit souvent, par peur des extrêmes, à la conjonction des centres. « Toujours à gauche, mais pas plus loin », ironisait André Siegfried en parlant du parti radical.

4. Les trois gauches, dont nous avons cherché à démontrer l'originalité, n'expriment-elles pas trois *cultures* ?

La Liberté, c'est la sagesse antique, le bien commun du Moyen Age, l'humanisme de la Réforme et de la Renaissance, l'espérance généreuse du Siècle des Lumières. C'est 1789 et le drapeau tricolore.

L'Autorité, c'est l'Etat, assimilé à la nation souveraine, le salut public, le dogmatisme doctrinal, la dictature jacobine adaptée à la lutte des classes en 1917. C'est le drapeau rouge de Lénine.

La Révolte, c'est l'impatience, l'inquiétude, l'aventurisme de Blanqui, l'anarchisme de Proudhon et de Bakounine, le refus de l'autorité : « Ni Dieu ni maître » au siècle passé, et aujourd'hui : « Il est interdit d'interdire. » C'est le drapeau noir qui en 1968 fit si peur.

Ainsi les hommes passent, les régimes s'effondrent, les mots changent de sens. Mais le clivage gauche-droite demeure la clé de notre vie politique et ceux qui le nient contre l'évidence ne le font pas sans y trouver quelque intérêt.

BIBLIOGRAPHIE SOMMAIRE

Ouvrages généraux :

J. Touchard, Histoire des idées politiques, Paris, PUF, 1965.
D. Caute, La gauche en Europe depuis 1789, Paris, Hachette, 1965.
G. Lefranc, Les gauches en France, 1789-1972, Paris, Payot, 1973.
J. Touchard, La gauche en France depuis 1900, Paris, Ed. du Seuil, 1977.

Ouvrages sur les groupes politiques :

A. Soboul, Les sans-culottes parisiens en l'an II, Paris, Clavreuil, 1962.
D. Guérin, La lutte des classes sous la Première République, Paris, Gallimard, 1946.
G. Weill, Histoire du parti républicain 1814-1870, Paris, F. Alcan, 1928.
C. Nicolet, Le radicalisme, Paris, PUF, « Que sais-je ? », 1967.
G. Lefranc, Le mouvement socialiste sous la IIIe République, Paris, Payot, 1963.
J. Fauvet, Histoire du Parti communiste français, Paris, Fayard, 1964.
J.-P. Brunet, Histoire du PCF, Paris, PUF, « Que sais-je ? », 1982.
C. Willard, Socialisme et communisme français, Paris, A. Colin, 1967.
H. Arvon, Le gauchisme, Paris, PUF, « Que sais-je ? », 1974.
J. Maitron, Histoire du mouvement anarchiste en France, Paris, Maspero, 1975.
J.-D. Reynaud, Les syndicats en France, Paris, Ed. du Seuil, 1975.

Ouvrages sur la période récente :

J. Chapsal, La vie politique en France depuis 1940, Paris, PUF, 1966.
F.-G. Dreyfus, Histoire des gauches en France 1940-1974, Paris, Grasset, 1975.
R. Quillot, La SFIO et l'exercice du pouvoir, Paris, Fayard, 1972.
C. Hurtig, De la SFIO au nouveau Parti socialiste, Paris, A. Colin, 1970.
J. Poperen, La gauche française, Le nouvel âge 1958-1965, Paris, Fayard, 1972 ; L'unité de la gauche, Paris, Fayard, 1975.
Ph. Robrieux, Histoire intérieure du Parti communiste, Paris, Fayard, 1980.
O. Duhamel, La gauche et la Ve République, Paris, PUF, 1980.

TABLE DES MATIÈRES

Imprimé en France
Imprimerie des Presses Universitaires de France
73, avenue Ronsard, 41100 Vendôme
Novembre 1983 — N° 29 465